学部系統別
対策ができる
実践問題
つき!

採点者の心をつかむ

合格する

小論文

の書き方

河合塾講師
中塚光之介

かんき出版

はじめに

A君：先生、実は受験で小論文を使いたいと思っているんです。

先生：ふうん。それでどの大学を受験するつもりなの？

A君：それが……。まだ決まっていないんです。でも受験のチャンスはた
　　　くさんあったほうがいいと思って。

先生：なるほどねえ。小論文なら暗記がいらないからラッキー、なんて思っ
　　　ているんじゃないの？

A君：ええ？　そ、そんなことないですよ。いや、ちょっとあるかなあ。

先生：正直でよろしい。まあ、みんなそう思っているかもね。たしかに、
　　　他の教科に比べると細かいことを覚える必要がないからね。でも、
　　　そんなに簡単じゃないんだよ。

A君：そうなんですか……。

先生：そんなに落ち込まなくてもいいよ。とにかく、小論文がどういうも
　　　のかを知ることが大切だ。次の問題をまずは解いてみようか？

A君：はい！　わかりました。

　これは、かつて僕の担当する授業の生徒だったA君との会話です。

　彼はこのレベル、つまり、小論文対策ゼロの状態から努力を重ね、小論
文を使って志望校に見事合格を果たしました。

　この経験から、A君のような小論文の初心者が、どうすれば入試で「採
点者の心をつかむ」答案を書けるようになるのかを深く考えるようになり
ました。

　そして、その方法を具体的に伝えることができるような本を書きたいと
考えました。そのようにしてできたのが、この本です。

　僕が書いた『採点者の心をつかむ　合格する小論文』（かんき出版）で
は、小論文とは何か？　という小論文の基礎の基礎について説明しました。この本で説明した小論文の考え方をふまえたうえで、本書では、

・どう書き

・どう修正すべきか

を、お話しします。

　実際に小論文の答案を作成する際の思考のあり方やその変化を、できるだけていねいに再現します。

　A君になったつもりで、そして時には採点者になったつもりで、本書を読み進めてください。

　さて、小論文の本来の学習の流れは以下の通りです。

１．答案作成（自分）

２．添削・講評（先生）

３．書き直し（自分）

　この３つの「工程」を繰り返します。

　しかしこれは、添削・講評してくれる先生がいなくては成り立ちません。そうした環境に恵まれている人は、そう多くはないはずです。

　ですので本書では、自分１人でこの学習を繰り返すことができるように設計しました。あたかも先生に添削・講評してもらうように学べます。

　そして時には自分自身が添削・講評の立場に立つことで、小論文の学習とは何かがわかるように書きました。

　「小論文ってどうやって勉強したらいいの？」とモヤモヤしているなら、さっそく読み始めましょう。読み終えた後のみなさんは、合格する小論文を書く準備が調っているはずです。

　それでは始めましょう。

2023年９月　中塚光之介

はじめに……**3**

本書の使い方……**10**

第1章　感想文はだめ

1 感想文を書いていませんか？……**12**
- めざせ「脱感想文！」……**12**
- 感想文を成り立たせるもの……**12**

2 感想文的な小論文を見てみよう……**14**
- それは小論文？　感想文？……**14**
- 問題点はどこにあるのか？……**15**

3 答案例に赤字を入れよう……**17**
- 小論文の問題を使って考える……**17**

? 問題を見てみよう！……**17**

? 答案例を見てみよう！……**18**

- 答案へのコメント：A君の答案を採点する……**19**
- 答案へのコメント：さらに答案を解剖しよう……**20**

Column 1 同じような感想文が生まれることについて……**24**

第2章　出題者と対話しよう！

1 小論文とは何か？……**26**

● 小論文とは、問題の共有 …… **26**

● 対話の能力に必要なことは2つ …… **26**

● 自分の問題として問いを考える …… **27**

2 感想文から小論文へ …… **28**

● どんな問題を共有すべきか考える …… **28**

? 答案例を見てみよう！ …… **29**

第**3**章　課題文の無視はだめ！

1 書く前に、課題文の読解が必要 …… **32**

● まず必要なのは読解力 …… **32**

? 答案例を見てみよう！ …… **34**

2 課題文だけで考える …… **36**

● 課題文は文章全体のほんの一部 …… **36**

● 筆者の考えを解釈する …… **37**

● 課題文を理解して、書き直す …… **37**

? 答案例を見てみよう！ …… **37**

第**4**章　具体的に書け

1 具体例を考える …… **42**

● 身の回りから考える …… **42**

? 答案例を見てみよう！ …… **44**

● 具体例とは何か …… **44**

● 具体性を上げる …… **45**

? 答案例を見てみよう！ ……**46**

● 具体例を考えよう……**47**

? 答案例を見てみよう！ ……**48**

2 具体⇄抽象の訓練……**49**

● 具体例の出し方……**49**
● いったん抽象化してみる……**50**

Column 2 他者理解は重要……**52**

第**5**章 独自の見解を示せ

1 それは筆者の考え？ 自分の考え？ ……**54**

● そこに独自の考えはあるか……**54**

2 採点者になって考える ……**56**

● A君の答案を採点してみよう……**56**

3 批判的態度とは何か？ ……**61**

● 文章を批判的に見るとは？ ……**61**
● 大賛成・大反対は批判的思考ではない……**62**
● 批判のトレーニング……**62**

4 独自の見解を引き出す ……**63**

● 自分が考えた具体例を考察する……**63**

? 答案例を見てみよう！ ……**63**

? 答案例を見てみよう！ ……**65**

5 独自の見解の示し方……**67**

● 筆者の意見を受けつつ、批判する……**67**

? 答案例を見てみよう！ ……**68**

? 答案例を見てみよう！ ……**69**

Column3 自分のスタイルを作ろう ……**72**

第**6**章 まとめ

新たな問題にチャレンジしよう ……**74**

● 3つのポイントで書いてみよう ……**74**

課題文の問題意識とは ……**78**

● 1. 課題文の問題意識を理解し応答する ……**78**

● 2. 具体例を提示し問題意識を自分事化する ……**79**

● 3. 具体例の分析・批判を行うことで独自の見解を示す ……**82**

? 答案例を見てみよう！ ……**83**

補章 さまざまな種類の小論文の入試問題を解く

1 テーマを確認する ……**86**

● 教育系 ……**87**

? 答案例を見てみよう！ ……**88**

● 答案例と評価を読んで考える ……**89**

● 教育系の小論文で求められるのは ……**90**

● 社会科学系 ……**92**

? 答案例を見てみよう！ ……**94**

● 答案例と評価を読んで考える ……**96**

● 社会科学系の小論文で求められるのは ……**97**

● 医学・医療系 ……**98**

? 答案例を見てみよう！ ……**99**

◦ 答案例と評価を読んで考える ……**100**

◦ 医学系の小論文で求められるのは ……**101**

2 さまざまな形式の問題を解く ……**102**

◦ 要約問題 ……**102**

◦ テーマ型問題 ……**111**

◦ 図表問題 ……**114**

3 Q&A ……**118**

◦ 受験生からの質問に答える ……**118**

Question 1 要約がうまくいきません。どうすればよいでしょうか？ ……**118**

Question 2 この本で学んだ後は、どうすればいいでしょうか？ ……**120**

Question 3 起承転結で書いたほうがいいですか ……**121**

Question 4 賛成・反対をしてはいけないのですか？ ……**122**

Question 5 作成した答案は、どのように指導をしてもらえばよいでしょうか？ ……**123**

Column 4 書き直しは必要？ ……**125**

おわりに ……**126**

参考文献 ……**127**

カバーデザイン ◎ 高橋明香（おかっぱ製作所）
カバーイラスト ◎ 平松慶
本文デザイン・DTP ◎ ホリウチミホ（ニクスインク）
編集協力 ◎ 黒坂真由子

本書の使い方

　本書は、Ａ君という受験で小論文を使う生徒を指導する形式で作成しました。

　とはいえ、先生と生徒の会話ではなく、Ａ君の小論文答案について指摘を行うことで、少しずつ成長し、評価される答案を書くことができるようになる様子を、みなさんに味わってもらえるように構成されています。

　みなさんはＡ君になったつもりで、時には採点者になったつもりで、Ａ君と同様に成長してください。

　もちろん本書１冊で、すべての小論文の入試問題に対応できるわけではありません。小論文の入試問題は、内容、形式ともに多岐にわたるからです。

　ただし、本書で学んだ小論文の学習方法は、どのような問題に対しても応用可能です。

　本書は、拙著『**採点者の心をつかむ　合格する小論文**』（**かんき出版**）の続きであり、実践版という位置づけで作成しました。

　この本を事前に読めばより効率よく学習を進めることができますが、もちろん、本書だけで学習することも可能です。

　（小論文の基礎の基礎については、本書の第２章でまとめていますが、さらにしっかりと基礎を学びたいという方は同書を参考にしてください）

第 **1** 章

感想文はだめ

小論文と感想文は、まったく別物です。
みなさんは小学校からずっと、たくさんの感想文を書いてきました。
そのため、意識をせずに書き始めると
「小論文を書いているつもりなのに、感想文を書いている」
ことがあるのです。

ここではまず、「感想文とは何か」を理解します。
そのうえで「感想文から脱却する方法」を学びます。

この章の目標

☑ 感想文とは何かを知る
☑ 感想文から脱却する方法を知る

めざせ、脱感想文！

感想文を書いていませんか?

めざせ「脱感想文!」

　小論文を学び始めた多くの受験生がおちいるのが「感想文問題」です。

　まず始めに確認します。受かる小論文の最も重要な条件は、あなたの意見・考えが書かれていることです。つまり、感想を書いただけでは合格できません。

　みなさんは子どものころから、学校でたくさんの感想文を書いてきました。夏休みの読書感想文、運動会の感想文、修学旅行の感想文、中学校生活を振り返っての感想文など……。

「原稿用紙に何かを書く」となると、頭の中が自然と感想文モードになってしまう人もいるでしょう。それは仕方ありません。放っておくとみなさんの手は、自動的にスラスラと感想文を書いてしまうのです。

感想文を成り立たせるもの

　たとえば「修学旅行の思い出」というテーマの感想文。

　みなさんも何度か書いた経験があるはずです。なかには書くことに苦労した方もいるでしょう。僕もこの手の感想文はあまり好きではありませんでした。宿題だったので、イヤイヤ書いたことを思い出します。

　何を書いていいのかわからないときの感想文には、パターンがあります。それが次のようなものです。

　そうですね、修学旅行の行き先が広島だったとしましょう。

● 大和ミュージアムに行きました

● 原爆ドームを見ました

● 平和記念公園で弁当を食べました

広島平和記念資料館に行きました

　↓

二度と戦争を起こしてはいけないと思いました

　イヤイヤ書いたこの感想文、どのような要素で構成されているでしょうか。一緒に考えていきましょう。

　まずは動詞に注目してみてください。「行きました」「見ました」「食べました」「行きました」と続いています。

　この感想文は**「経験の羅列＋正しい意見」**で構成されています。

　4行目まで経験を羅列することで**字数を稼ぎ**、「二度と……」の部分で、明らかに**正しい、よい意見**を述べて終えています。正しい意見を「締め」として使っているわけです。正しい意見なら先生に怒られることもありませんから、これはよくある感想文のパターンの1つです。

　このような感想文を書いてきた、今も書いている人は多いはずです（僕にもこんな感想文を書いた記憶があります）。

　ここで「ありがちな感想文」についてまとめておきましょう。

経験したことの羅列

正しい意見

　これで一応宿題は提出できます。

　これまではよかったかもしれません。しかしこのような感想文の構成では、合格する小論文を書くことはできません。また、多くの受験生がこうした書き方をするために、採点者のもとには同じような答案が集中します。

　受験生になった今、小論文で同じことをしてしまっては、採点者の心をつかむことはできません。小論文対策でまず大切なのは、「自分は感想文的な小論文を書いていないだろうか？」という意識を持つことなのです。

感想文的な小論文を見てみよう

それは小論文？　感想文？

「感想文的な小論文」とは、いったいどのようなものなのでしょうか？

　具体的な答案を見てみましょう。みなさんが採点者だったとしたらどのように感じ、この文章に何点をつけますか？

　ちなみに、以下は、与えられた課題文に沿って論じられるタイプの設問に対しての答案です。テーマは、コミュニケーションです（ここでは課題文を示していません）。

サンプル1

　一般には、コミュニケーションは、元気で明るい人が上手だと考えられているが、筆者はずっと「元気で明るい」のは不自然でおかしいし、「元気で明るい」人を演じることを決め、「必死に気を使っている」という状態は、自分も相手も緊張してしまうという理由で反対意見を述べている。私も筆者の意見に賛成だ。

「元気で明るい」人は、たしかにコミュニケーションが上手なように見えるし、ウケもよいのかもしれない。しかし、本当はコミュニケーションを不自然にしているだけなのだ。筆者の言うように、コミュニケーションが得意な人は「元気で明るい人」ではないのである。

サンプル2

　コミュニケーションというのは、生まれつき得意不得意があるものだと思っていたが、筆者は経験を重ねることで相手に適切に対応するためのスピードが速まり、コミュニケーションの能力が上がるのだと言う。また、経験から適切なコミュニケーションを導き出す訓練が必要だとも述べている。

　私は人とコミュニケーションをとるのは嫌いではないし、得意な方だと思っている。しかし、実際には失敗も多い。それは修業が足りていないからかもしれない。ただ、筆者が言うように経験や訓練によって修練されていくものであるのならば、失敗も減るのかもしれない。だから、これからもコミュニケーションを繰り返す努力をしていきたいと思う。

サンプル3

　筆者は、ＳＮＳでのコミュニケーションは、出来事を言葉で抽象的に再現しているだけなので相手の感情はわからないと言う。対面でのコミュニケーションと比べれば感情が伝わらないというのは納得がいく。しかし、ＳＮＳでも緊張したり悩んだりすることもあるので、対面のコミュニケーションに劣るものではないという反論もあるのではないか。

　筆者の意見については、色々な人に、さまざまな考えがあるだろうが、一度じっくりと考えなければならない問題だろうと思う。

　さあ、どうでしょうか。もしかすると、小論文を書いたことがある人なら、このような感想文的な答案を書いてしまった経験があるかもしれません。あなたならそれぞれの小論文に、100点満点中何点をつけるでしょうか?

問題点はどこにあるのか?

　もしかすると、「何が問題かわからない」という人もいるかもしれません。1〜3のサンプルは、次のA〜Cのどの問題点があるかを考えてください。

　　A　白身のポジティブな態度を示すだけの文章になってしまっている
　　B　大まかに賛成・反対を示すだけの文章になってしまっている
　　C　一般的な正しい意見を示すだけの文章になってしまっている

サンプル1 の答えはB「大まかに賛成・反対を示すだけの文章になってしまっている」です。

聞かれていないにもかかわらず、とりあえず賛否を示しておけばいいと思って書かれた節があります。

なんとなく賛成か反対を示すことは、その内容を深く考えなくてもできることです。実際 サンプル1 の文章では、「なぜ自分は筆者の意見に賛成なのか」「その理由は何か」といったことは述べられていません。ただ「筆者の言う通り」と書いているにすぎません。

このような**大まかに賛成・反対を示す文章**は、何も言っていないのに意見を言ったような気分になるため、受験生がおちいるワナの１つとなっています。

サンプル2 は、まさに小学生の感想文です。答えはA「自身のポジティブな態度を示すだけの文章になってしまっている」です。
「**がんばります**」という、**ポジティブな態度を示しておけばいい**という、安直さがうかがえます。とりあえず正しい意見を言っておくという、まさに感想文的な書き方です。

サンプル3 はC「一般的な正しい意見を示すだけの文章になってしまっている」となります。

この答案はワイドショーでの穏健なコメンテーターの締めの言葉みたいですね。サンプル1 と同様、何も言っていないけれど、何か言っているような気分にはなれます。また、どんな意見についても同じように書けそうですよね。

このように見てみると、どれもあまりものを考えなくても述べることのできる、ありきたりな意見です。これでは、よく小論文で要求される「自分の考え」を示したことにはなりません。

答案例に赤字を入れよう

小論文の設問を使って考える

では、実際の小論文の設問とその答案を見てみましょう。

みなさんならばこの設問にどう答えるでしょうか。ちなみにこの設問は、本書の最後の方まで通して使用するのでしっかりと読んでください。

 問題を見てみよう！

［設問］

次の文章を読んで、下線部を踏まえて「他者との交流」について、あなたの考えを600字以内で述べなさい。

（福岡歯科大学　口腔歯学部　口腔歯学科　Ａ日程改）

犬と暮らす生活で学ぶことは数多くあり、言葉が通じないのに伝えようとする彼らの工夫の数々や、じれったさをこらえて長い時間を待つ辛抱強さは、称賛に値する。人間はそれほどの努力を、さまざまな相手、場面で行っているだろうか。同じ地球の中に生きているにもかかわらず、ほんの少しの差を我慢できずに争ったり嘲笑（ちょうしょう）したり。愚かしいことこの上ない。人には知恵があると言うが、その本質を、もう一度原初に返って問い直すべきだ。

地球をノアの箱舟になぞらえ、ともに生き延びることをうたう話は良く聞くようになったが、本当に「多様性」を必要とするのならば、「違いを認める」ことよりも、「違いを忘れる」（違いを感じない）ことのほうが大事なはず。本当に猛獣と同じ舟に乗り、ともに生きることは、寓話（ぐう）の世界のように簡単ではない。無意識の中の偏見、例えば「犬は畜生である」を、どこまで忘れ去ることができるかが問われている。

【竹宮恵子「生きるために壁を越える」

（日本文藝家協会編『ベスト・エッセイ2017』光村図書出版）より抜粋】

比較的読みやすい文章ですね。

「犬が種を超えて人間に示す理解を、人間は同じ種である人間に対して示すことができているだろうか（いや、できていない）」という内容です。

他の解釈をとることもできますが、まずはこのような内容であるということで、本章を進めていきましょう。

次の答案は「はじめに」に登場したA君のものです。僕の授業を受けていたA君の初期のころのこの答案には、先ほど示した

A　自身のポジティブな態度を示すだけの文章になってしまっている

B　大まかに賛成・反対を示すだけの文章になってしまっている

C　一般的な正しい意見を示すだけの文章になってしまっている

の3つがすべて含まれていました。

みなさんは赤ペンやえんぴつを片手に、この答案のどの部分がA、B、Cに当たるかを記入してみてください。

？　答案例を見てみよう！

答案例❶

①人間はすぐに争ってしまうが、犬は人間になんとか自分の気持ちを伝えようと工夫し努力するため称賛に値する。人間は「違いを認める」ことよりも「違いを忘れる」ことが重要で、犬に対しても畜生であることを忘れて付き合うべきだ。以上が筆者の言っていることである。私は筆者の意見に賛成だ。

②他者と交流する場合、「違いを認める」ことは難しい。自分と同じ考えの人とはすぐに仲良くなれるが、まったく反対の考えの人と交流することはなかなかできないからだ。さらに、「違いを忘れる」とは、どうすることなのかもわからない。「違いを認める」ことすらできないのに、それを忘れることなど無理ではないかと思うのだ。

③たしかに、「違い」を認めることも、忘れることも難しいだろう。しかし、犬に対して畜生であることを忘れることができれば、その犬とは家族のように付き合うことができるのかもしれない。ならば、違う考えの友人に対して、その「違い」を忘れることができれば、よい関係を築くことができるのかもしれない。私も他者と交流する場合、がんばって他者との違いを忘れるように心がけていきたいと思っている。

　どうでしょうか？
　なんとなく直感的にだめな感じがしますよね。では、どこがだめなのでしょうか？　A、B、Cの下線をつけてみてください。どこがだめなのかというメモを書いてもいいでしょう。
　一通り記入できたら、この後を読んでください。

答案へのコメント　A君の答案を採点する

　A君の答案に含まれている、感想文的な小論文の３つの要素は見つけられたでしょうか？

A　自身のポジティブな態度を示すだけの文章になってしまっている
B　大まかに賛成・反対を示すだけの文章になってしまっている
C　一般的な正しい意見を示すだけの文章になってしまっている

　A君の答案の中にA、B、Cに該当する箇所を示しますね。

①人間はすぐに争ってしまうが、犬は人間になんとか自分の気持ちを伝えようと工夫し努力するため称賛に値する。人間は「違いを認める」ことよりも「違いを忘れる」ことが重要で、犬に対しても畜生であることを忘れて付き合うべきだ。以上が筆者の言っていることである。_(B)私は筆者の意見に賛成だ。

②他者と交流する場合、_(C)「違いを認める」ことは難しい。自分と同じ考えの人とはすぐに仲良くなれるが、まったく反対の考えの人と交流することはなかなかできないからだ。さらに、「違いを忘れる」とは、どうすることなのかもわからない。_(C)「違いを認める」ことすらできないのに、それを忘れることなど無理ではないかと思うのだ。

③たしかに、_(C)「違い」を認めることも、忘れることも難しいだろう。しかし、犬に対して畜生であることを忘れることができれば、その犬とは家族のように付き合うことができるのかもしれない。ならば、違う考えの友人に対して、その「違い」を忘れることができれば、よい関係を築くことができるのかもしれない。_(A)私も他者と交流する場合、がんばって他者との違いを忘れるように心がけていきたいと思っている。

　この問題で問われているのは「あなたの考え（意見）」です。にもかかわらず、A君は問われていない**「賛成・反対」**を示しています。
　また、最後は感想文によくあるような**ポジティブな態度の表明**で文章を終えています。
　そしてこのように印をつけてみると、A君は繰り返し「違いを認めることは難しい」という**一般論を述べている**ことがわかります。
　では、もう少しくわしくA君の答案を分析してみましょう。

答案へのコメント　さらに答案を解剖しよう

　A君の答案を、さらに解剖していきましょう。
　A君の答案は、簡単にまとめると、次のような流れになっています。

①課題文の要約と同意

②「違いを認める」のは難しい → 「違いを忘れる」のはもっと難しい

③犬に対してそうするように、他者との違いを忘れることができれば、よい関係が築けるかもしれない → 他者との違いを忘れるよう心がけたい

以下、A君の答案を再掲します。

①人間はすぐに争ってしまうが、犬は人間になんとか自分の気持ちを伝えようと工夫し努力するため称賛に値する。人間は「違いを認める」ことよりも「違いを忘れる」ことが重要で、犬に対しても畜生であることを忘れて付き合うべきだ。以上が筆者の言っていることである。(B)私は筆者の意見に賛成だ。

②(C)他者と交流する場合、「違いを認める」ことは難しい。自分と同じ考えの人とはすぐに仲良くなれるが、まったく反対の考えの人と交流することはなかなかできないからだ。さらに、「違いを忘れる」とは、どうすることなのかもわからない。(C)「違いを認める」ことすらできないのに、それを忘れることなど無理ではないかと思うのだ。

③たしかに、(C)「違い」を認めることも、忘れることも難しいだろう。しかし、犬に対して畜生であることを忘れることができれば、その犬とは家族のように付き合うことができるのかもしれない。ならば、違う考えの友人に対して、その「違い」を忘れることができれば、よい関係を築くことができるのかもしれない。(A)私も他者と交流する場合、がんばって他者との違いを忘れるように心がけていきたいと思っている。

まず、A君は第1段落（①）で要約をしています。

念のための確認ですが、決して要約をしてはいけないということではありません。しかし、設問で要求されていないので、この段落は「あってもなくても構わない」です。つまり、書いてもとくに評価されません。

　次に全段落（①②③）を通じて、課題文の一部である「違いを認める」「違いを忘れる」といった部分に対しての感想を述べています。
「難しい」という感想（雑感と言った方がよいでしょうか）、そして「よい関係を築くことができるのかもしれない」というまとめなど、ちょっとした思いを示しているだけで、筆者の文章をそれ以上掘り下げることはありません。**文章に対する感想で終わっている**のです。

　そして文末の「がんばって他者との違いを忘れるように心がけていきたい」が、**最後のトドメの感想**です。
　ほとんど何も考えなくとも述べることのできる、どんなテーマに対してでも言うことのできる、ありふれた**感想、雑感、思い**を、課題文（しかもその一部）に対して書き込んだ、ということになるわけです。
　これでは、「あなたの考え」を述べたことにはなりません。設問では、「**あなたの考え**」が要求されているのですから、A君の答案は、設問の要求に応えていないということになり、評価はかなり低くなるでしょう。

　みなさん自身が採点者となりこの答案を評価したことで、A君が書いた「課題文に対する大まかな感想文」は、小論文入試では通用しないことがわかってきたと思います。
　それでは、A君の答案をどうすれば評価できる小論文、つまり合格できる小論文に修正することができるのでしょうか。

　そこで次の第2章では「小論文とは何か？」についてお話しします。
　これは拙著『採点者の心をつかむ　合格する小論文』の内容をギュッとまとめたものです。すでに「小論文とは何か？」がわかっている方（拙著をお読みになった方）は、読み飛ばして第3章へ進んでください。

「感想文的な小論文は通用しない」

〈中塚先生からのアドバイス〉

　小論文では、「賛成・反対」「好き・嫌い」といった安直な判断や、一般的に言われている「善い・悪い」といった「常識」、「がんばります」「考えなければならない」「〜するべきだ」などの、何に対してでも言えそうなスローガンは評価されません。一般的な意見を意気込んで叫ぶだけではだめなのです。

「リサイクルをすることに賛成です」（賛成・反対）
「自然は守らなければなりなせん」（常識）
「エコ商品を買い、リサイクルしていきたいと思います」（意気込み）

　このような意見は、何も考えてなくても述べることができます。しかし、このタイプの小論文は量産されています。

　小論文で必要なのは「自分で考える力」です。繰り返しになりますが、「賛成・反対」「好き・嫌い」「善い・悪い」「がんばります」「考えなければならない」「〜するべきだ」といった文言を安易に使わないように！　こういった言葉を使いそうになったら、いったんえんぴつを置き、感想文を書いていないかどうか確かめてみてください。

Column 1
同じような感想文が生まれることについて

　学校教育では、感想文を含む作文は必須とされています。そのため、多くの生徒が義務的に取り組んできたはずです。義務的ということになると、与えられた課題をこなすだけになりがちです。

　みなさんも小学生のころ、宿題だから書かなければならない、行事の後には書くものだ、先生が書けと言ったから仕方ない、などと思いながらえんぴつをイヤイヤ動かしていたかもしれません。

　そんななか小学生が真っ先に考えるのは「なんとか書き切らなければならない」ということです。それゆえ**字数を埋めることに集中するように**なります。

　長い文章を書くのが苦手な子がとる戦略は、短文をとにかく並べること。とはいえあまり書くこともありませんから、結果として**経験したことの羅列**となってしまうのです。

　そして、先生に向けて提出するわけですから、先生に評価される内容が好ましいと考えるという思いから出るのは、**正しい意見**です。

　前向きな明るい思い（「がんばります」「考え続けます」「行動していこうと思います」など）を述べれば、なんとかなるということです。

　これこそが問題です。「経験したことの羅列＋正しい意見」は、**自分の意見ではありません**。ここに書かれているのは「先生に評価されそうな意見」です。評価されるために書く感想文が、面白いものになるはずがありません。

　文章を書くということは、相手に伝えることです。そのことをみなさんにぜひ知ってもらいたいと思います。

第 **2** 章

出題者と対話しよう!

小論文とは何か?

一言で言えば、小論文とは対話型の文章です。

みなさんが対話をしなければならないのは、出題者です。

悩みを抱えた友人と話すように、

出題者の問いに答えることができるかが試されます。

そのためにはまず、

相手がどんな問いを発しているかに耳を傾けなければなりません。

この章の目標

☑ 小論文とは何かを知る

☑ 対話型の文章とは何かを知る

小論文の本質を探っていきましょう!

小論文とは何か?

小論文とは、問題の共有

小論文入試で求められるのは、どのような文章なのでしょうか。

一言で言うと「問題共有をしている文章」です。では誰と問題共有をすればいいのか？　それは出題者です。つまり受験生は、小論文を通して出題者と対話するのです。

対話とは、1つの問題について話し合うことです。お互いに理解を深めることです。大学は、本来対話の場です。4年生になるとゼミに所属するのは、自分で見つけた課題を他のゼミ生や教師との対話を通して学ぶためです。

小論文で問われているのは、この対話の力です。合格するためには、自分のなかで対話する能力があることを示さなければなりません。

対話の能力に必要なことは2つ

対話に必要な能力は、その場を盛り上げるとか、うまくあいづちが打てるとか、そういうことではありません。ざっくりと示すなら、次の2つです。

---

①相手の話を理解する
②問題を共有する

相手の話を理解することは簡単ではありません。なぜなら、相手が体験したことを、自分は体験していないからです。

しかし、対話が上手な人は相手の経験を自分の経験に当てはめながら聞くことができます。同じ受験生の友人から、「自分は親の介護をしているヤングケアラーで、勉強時間を思うようにとれない」という悩みを打ち明けられたとします。それを聞いたみなさんは、「自分は同じ状況にないから、共感できない」と切り捨ててしまうことはないはずです。

友人の話を聞き、自分にできることはないか、どんな言葉をかけたらいいかを考えながら話を聞くはずです。

みなさんは自然と、「自分が友人の立場だったら……」と考えを巡らせるはずです。相手が自分に近い人物であればあるほど、その問題を自分ごととして考えるでしょう。

もし、好きな人が相談してきたらどうでしょう。自分が代わってあげたい。何としても解決してあげたい。そんなふうに思うはずです。そのとき、相手の問題はすでに、「あなた自身の問題」になっているのです。

自分の問題として問いを考える

「ヤングケアラーが増えている状況について、あなたの考えを600字で書きなさい」という問いに対し、親友や好きな相手の相談に乗るように答える。

その問題に**当事者意識を持ち、感情移入しながら答案を仕上げる**。問題意識を共有するのです。

　相手の話を理解する ➡ 設問の文章と問題の意図を理解する
　問題を共有する ➡ 当事者意識を持ち、感情移入して自分の意見を
　述べる

これが、みなさんがこれから書く小論文です。

感想文から小論文へ

どんな問題を共有すべきか考える

　小論文は、出題者の問題の意図を理解し、当事者意識を持ち、感情移入して自分の意見を述べる文章です。これさえおさえておけば、感想文を小論文に変えることができます。

　では、広島への修学旅行で先生が、生徒に求めていることは何でしょうか。どのようなことを学んでほしいと思っているのでしょうか。

- 平和について学んでほしい
- 戦争の歴史を学んでほしい
- 被爆した体験を、つないでほしい
- 核兵器の恐ろしさを知ってほしい
- 被爆国としての経験を、海外に伝えてほしい
- 戦争のない世の中を作るためのリーダーとなってほしい

　このようなことが考えられそうです。

　今回は出題者の問いの意図が示されていませんから、みなさん自身で想像する必要があります。

　実際の小論文においても、出題者の意図が明確に示されていない場合は、文章から読み取らなければいけません。

　これらの問いに答えるように、12ページの感想文を書き換えましょう。そして、小論文に変えてみましょう。

　昨年の夏、家族で兵庫県にある世界遺産、姫路城を見に行った。白壁が美しいこの城は、別名白鷺城とも呼ばれる優美なものだ。今回の修学旅行で、私はもうひとつの世界遺産を見た。原爆ドームだ。姫路城と大きく違うのは、これが人類の「負の遺産」だということだ。

　原爆ドームの修復は、被曝した姿をそのまま残すことができるように行われているという。それはこの建物を見ることで、核兵器の恐ろしさと平和の大切さ、そして人間の愚かさを確認するためだろう。

　平和記念公園で、みんなでお弁当を食べた。よく晴れていて、吹く風が気持ちいい。原爆が投下された8月6日も、晴れていたという。こんなふうにお弁当を広げられる平和な日常を失いたくない。青い空を背景に静かに佇む原爆ドームを見ながら、そんなことを考えた。

　原爆ドームを見たこと、平和記念公園でお弁当を食べたこと、戦争はいけないと思ったことを、感想文と同じように盛り込んでいます。

　感想文と違うのは、出題者の意図「平和について学んでほしい」「核兵器の恐ろしさを知ってほしい」を反映した内容になっていることです。

　冒頭の姫路城を訪れた具体的な体験は、原爆ドームとの対比として生きています。最後の段落では、書き手の強い思いが読み取れます。ここで書き手は「平和」という状態を、自分ごととしてとらえていることがわかります。感情がこもっているのが伝わるはずです。

　このように、**出題者の問題の意図を理解し、当事者意識を持ち、感情移入して自分の意見を述べることができれば、それは小論文と言えるの**です。

まずは出題者の意図を理解し、自分の意見を述べる

〈中塚先生からのアドバイス〉

　小論文は「出題者の問題の意図を理解し、当事者意識を持ち、感情移入して自分の意見を述べる」文章です。

　出題者の意図が明確に述べられていない場合は、**課題文をよく読んで想像する**必要があります。出題者の意図をつかみ損ねると、いくらいい文章が書けたとしても評価にはつながりません。

　テーマに対して強い思い入れがあったり、確固とした意見があったりすると、出題者の意図を無視した答案を仕上げてしまう可能性があります。

　スタート時にはあせらず、**一度冷静になって出題者の意図を把握する**ことに努めてください。

　第３章では課題文の読み方を説明します。

　また、小論文が求めているのは一般的な意見ではなく**「あなたの考え」**です。自分が書いている文章で、出題者が感情移入できているかどうかを意識することが大切です。

　書いた文章が、一般的に言われていることだけで埋まっていたら、要注意です。

課題文の無視はだめ!

小論文は、出題者(の提示する課題文)と解答者の対話、やりとりです。
ですから、課題文をしっかりと理解し、
そのうえで応答を考えることが重要になります。
もし、課題文の理解が十分にできなければ、
その応答もずれたものに。
結果として評価されない答案となってしまいます。
課題文理解の大切さを、本章で実感してください。

この章の目標

☑ 課題文の大切さを知る
☑ 課題文の読み方を学ぶ

書く前に、しっかりと読みましょう!

書く前に、課題文の読解が必要

まず必要なのは読解力

小論文を書くために、何よりもまず必要なのは読む力です。

書く前にしっかりと読むことが、とても大事。これは第2章でお伝えしたように、**小論文が対話だから**です。

第1章の設問を再度読み、A君の答案（18ページ）を思い出しましょう。

［設問］

次の文章を読んで、下線部を踏まえて「他者との交流」について、あなたの考えを600字以内で述べなさい。

（福岡歯科大学　口腔歯学部　口腔歯学科　A日程改）

犬と暮らす生活で学ぶことは数多くあり、言葉が通じないのに伝えようとする彼らの工夫の数々や、じれったさをこらえて長い時間を待つ辛抱強さは、称賛に値する。人間はそれほどの努力を、さまざまな相手、場面で行っているだろうか。同じ地球の中に生きているにもかかわらず、ほんの少しの差を我慢できずに争ったり嘲笑したり。愚かしいことこの上ない。人には知恵があると言うが、その本質を、もう一度原初に返って問い直すべきだ。

地球をノアの箱舟になぞらえ、ともに生き延びることをうたう話は良く聞くようになったが、本当に「多様性」を必要とするのならば、「違いを認める」ことよりも、「違いを忘れる」（違いを感じない）ことのほうが大事なはず。本当に猛獣と同じ舟に乗り、ともに生きることは、寓話の世界のように簡単ではない。無意識の中の偏見、例えば「犬は畜生である」を、どこまで忘れ去ることができるかが問われている。

【竹宮惠子「生きるために壁を越える」

（日本文藝家協会編『ベスト・エッセイ2017』光村図書出版）より抜粋】

Ａ君の答案は、以下のような構成でした。

---

①課題文の要約と同意

②「違いを認める」のは難しい ➡ 「違いを忘れる」のはもっと難しい

③犬に対してそうするように、他者との違いを忘れることができれば、よい関係が築けるかもしれない ➡ 他者との違いを忘れるよう心がけたい

　僕はこの答案に、「ありふれた**感想、雑感、思い**を、課題文（しかもその一部）に対して書き込んだ」と講評しました。なぜ、感想文的な答案が生まれるのか。ちょっと考えてみてください。

　僕が、感想文的な答案を書くＡ君のような生徒にまず指導するのは、**「課題文を読む」**ということです。「え？　読みましたけど」というＡ君の声が聞こえてきます。しかし、本当の意味で「課題文を読む」ことができない受験生は、本当に多くいます。

　Ａ君は、第１段落（①）で、課題文の要約をしています。そのため、自分では課題文を「読めている」と思っています。たしかにある程度の要約はできているのですが、文章を表面的に抜き出しているだけ、とも言えます。その証拠に、第２、３段落では課題文の文言を切り取り、それに感想を加える形になっています。

　つまり「課題文が本当に伝えたいことは何か？」を読み取ることなく、**「文言の表面的な流れ」**をつかんでいるだけなのです。感想文的な答案となってしまったのは、それが大きな原因です。

　さて、以上の説明をＡ君にしたうえで、書き直した文章が次の答案です。Ａ君は課題文を読み取れているでしょうか。読み取れているか、読み取れていないか、考えながら答案例を読んでください。

? 答案例を見てみよう！

答案例❷

①人間はすぐに争ってしまうが、犬は人間になんとか自分の気持ちを伝えようと工夫し努力するため称賛に値する。人間は「違いを忘れる」ことが重要で、犬に対しても畜生であることを忘れて付き合うべきだ。以上が筆者の言っていることである。私は筆者の意見に納得はするが、ちょっと違うと思うところがある。

②犬は人間のことを自分と違うということを忘れようとしているのだろうか。私はそうではないと思う。犬はやっぱり人間を自分とは異なった存在であり、エサをくれる大事な存在ととらえているのではないか。だから犬は、違いを認めたうえで人間と関係を作ろうとしているはずだ。また、犬に対して畜生であることを忘れることはできないのではないか。人間は人間であり、犬は人間ではないのだから。

③犬を称賛するのであれば、人間も犬のことを真似るべきではないか。違いを認めたうえで、他人と付き合うべきだろう。相手と言葉が通じなくても、自分と違う考えであっても、異なったとらえ方をする存在であることを認め、尊重することで、よい関係が作られるのであり、争ったり嘲笑したりすることなく、人間と犬のように仲良く暮らせる平和な社会がつくられるのではないだろうか。

　答案の講評の前に、ここで課題文の説明をしておきましょう。課題文の第1段落を図式化します。

34

● 犬 → 称賛に値する

・言葉が通じないのに伝えようと工夫

・長い時間辛抱強く待つ

● 人間 → 愚かしい

・少しの差で争い、嘲笑したりする

　⬇

問い直すべき

　A君は「犬は辛抱強いが、人間はすぐに喧嘩する。だから犬がえらい」と読み取ったのでしょう。残念ながら、A君はうまく課題文を読み取れていませんでした。

　第1段落だけを読んで犬と人間の比較だけに注目すれば、そう読めるかもしれません。しかし、第2段落を読み込むとその理解は変わるはずです。

| 課題文 第2段落 |

● 多様性が叫ばれているが、本当の多様性は？

●「違いを認める」＜「違いを忘れる」

●「犬は畜生である」ということをどこまで忘れることができるのかが問われている

　A君は、この第2段落の内容がわからなかったのかもしれません。いきなり「違いを忘れる」という話になるところが読みにくかったのでしょう。

　この課題文は一見犬のことを述べているようですが、実は人間について述べていることが、第2段落を読むとわかります。A君に（そしてみなさんにも）気がついてほしいのは、この部分です。

　もう少しくわしく言えば、第1段落では、「犬は話も通じない異なった生き物に対してなんとか関係を作ろうとするが、人間は同じ人間同士でも関係を作ろうとはしない」と述べていて、実は**人間を批判するために**犬の例を出しているのです。

課題文だけで考える

課題文は文章全体のほんの一部

　課題文のほとんどは、文章全体、つまりある作品からの抜粋です。今回の課題文について、その前後を読めば、もしかしたら本当に犬の話をしているのかもしれません。だだそれは、この課題文からはわかりません。課題文の上では、人間への批判ととらえるべきです。

　小論文を書くみなさんは、あくまでも、**掲載されている課題文の範囲で考えなければなりません**。

　第2段落に戻りましょう。

　筆者は「違いを認める」ことよりも、「違いを忘れる」ことに注目していることがわかります。A君はそこに目をつけて、「違いを認める」ことの方が大切だと反論しましたが、ここはもう少していねいに考えたほうがよかったでしょう。

　もちろん犬の気持ちはわかりっこありませんが、犬は人間を自分とは違う存在だと思っているのでしょうか?　犬は話が通じない私たち人間を相手に、なんとか思いを伝えようと努力し続けているように思えます。

　人間だったら、とっくにあきらめてしまうかもしれません。**ただ伝えようという思いでいるのではないか**と考えることもできるはずです。

　そのようにとらえれば、第1段落と第2段落がつながります。
「犬が人間との違いを感じていないように、人間も他者との違いを忘れることが大切」と読むことができるからです。

　もちろんこの課題文の筆者が、本当にそう考えているかどうかはわかりません。しかし、そのように読むと課題文の論理の流れがすんなりとつながります。

筆者の考えを解釈する

　小論文の課題文は長さに限界があります。そのため、筆者が著書全体で伝えようとしている真意を読み取ることは難しいのです。

　答案を作る僕たちができることは、短い課題文のなかに、**最も整合性の高い論理を見つけること**です。筆者の言いたいことは何かを、限られた文章の中から読み取ることが大切なのです。

課題文を理解して、書き直す

　さあ、ここまでの講評を受けて、さらにA君に書き直してもらいました。みなさんも、これまでの本章の内容をふまえたうえで、えんぴつを持ちながら書き直し答案を読んでみてください。

　この課題文に対してA君が応答している部分に線を引いてみましょう。課題文を読んで、自分なりの問い（「テーマ」「疑問」と言ってもよい）を立てている部分はどこでしょうか？

？ 答案例を見てみよう！

答案例❸

①人間はすぐに争ってしまうが、犬は人間になんとか自分の気持ちを伝えようと工夫し努力するため称賛に値する。人間にとって「違いを認める」ことよりも「違いを忘れる」ことが重要で、犬に対しても畜生であることを忘れて付き合うべきだ。以上が筆者の言っていることである。

②筆者は、犬が人間という異なった存在に対してでも、気持ちを懸命に伝えようとしていることを取り上げることで、人間もそのようにあるべきだと伝えているのではないか。私たちはよく、自分と異なる人を認め理解することが大切だと言う。つまり「違いを認める」ことが大切だと言うのだ。もちろん、いじめや差別、偏見をなくすために重要なことだからだろう。

しかし筆者は「違いを忘れる」ことが重要だと言う。これはどういうことだろうか。

③自分と異なる相手に対して、その「違いを認める」ということは大切ではあるが、つねに違いを意識していては、遠慮して付き合うことになりはしないだろうか。それでは、よい関係とは言えない。そうした意識や遠慮を取り払ったとき、つまり「違いを忘れる」ことができた時、本当に対等な関係を作ることができるのではないだろうか。

みなさん、どうでしょうか？　明らかに、A君は課題文を理解して論じようとしていることがわかりますね。**答案例❸** を説明します。

---

①課題文の要約
②人間も犬のようにあるべきと筆者は伝えている ➡ 「違いを認める」
　ことが重要と思いがち ➡ 「違いを忘れる」とはどういうことか
③「違いを認める」関係では遠慮が生まれる ➡ 「違いを忘れる」こと
　ができれば対等な関係を築くことができる

まず、第1段落（①）の要約と、第2段落（②）の冒頭の、
人間もそのようにあるべきだと伝えているのではないか
のところで、課題文を理解しようとしていることがわかります。

そして、第2段落の最後の、
「違いを忘れる」ことが重要だと言う。これはどういうことだろうか
のところで、課題文に対する「問い」を立てています。つまり、課題文を読んで自分なりの問い（「テーマ」「疑問」と言ってもよい）を立てることで、課題文に応答しようとしているのです。
　ここはとても重要なポイントです。なぜなら課題文の正確な理解なしには、問いやテーマを立てることはできないからです。

わかりやすく言うならば、**課題文を理解することで課題文への応答が可能になる**ということです。課題文（その筆者）との対話的な関係を築くことが小論文の大きなポイントです。そのためには課題文の理解は欠かせません。

　下線は２段落目に引けそうです。
②筆者は、犬が人間という異なった存在に対してでも、気持ちを懸命に伝えようとしていることを取り上げることで、**人間もそのようにあるべきだと伝えているのではないか**。私たちはよく、自分と異なる人を認め理解することが大切だという。つまり「違いを認める」ことが大切だと言うのだ。もちろん、いじめや差別、偏見をなくすために重要なことだからだろう。しかし筆者は「違いを忘れる」ことが重要だという。<u>これはどういうことだろうか。</u>

　３段落目の
<u>自分と異なる相手に対して、その「違いを認める」ということは大切ではあるが、つねに違いを意識していては、遠慮して付き合うことになりはしないだろうか</u>
を含んでもいいかもしれません。

　ただ、第３段落で述べられていることは、まだぼんやりとしています。
「違いを忘れる」ことができた時、本当に対等な関係を作ることができる
とはどういうことなのか。A君の文章からは、まだわかりません。
　この点は、　第４章でお伝えします。

「課題文の理解と応答が重要」

〈中塚先生からのアドバイス〉

　課題文を勝手に解釈してしまうと、論じる内容が課題文の内容とずれてしまいます。これは一般的な会話も同じです。みなさんも相手の話していることを誤解して、お互い、気まずい雰囲気になったことがあるかもしれません。

　小論文は課題文（筆者）と受験生による会話（というより対話が適切ですが）と考えてください。だとするならば、**まずは課題文をしっかりと正確に理解する**こと。そして**課題文に対して問いや疑問を持って応答する**ことが重要であると理解できるはずです。

　本章の課題文にあるように、**大切なのは自分とは違う他者を理解する**ことです。小論文における他者理解とは、課題文の理解にほかなりません。親友の悩みを理解しようと努めるような気持ちで、課題文の理解に取り組んでください。

第**4**章

具体的に書け

課題文の筆者の問題意識を、
自分の体験（直接体験・間接体験）に置き換えて、
自分の問題として考えます。
つまり、自分ごととして考えることで、
さまざまな問題意識を持つことができます。
これは小論文の対策のみならず、
今後のみなさんの生き方にも関わることです。

この章の目標

☑ 課題文の問題を、自分事として考える
☑ 具体的に書く

すべての問題を自分ごととして考えよう！

1

具体例を考える

身の回りから考える

第３章のＡ君の答案（37ページ 答案例❸ ）を思い出しましょう。

---

①課題文の要約
②人間も犬のようにあるべきと筆者は伝えている ➡ 「違いを認める」
　ことが重要と思いがち ➡ 「違いを忘れる」とはどういうことか
③「違いを認める」関係では遠慮が生まれる ➡ 「違いを忘れる」こと
　ができれば対等な関係を築くことができる

この答案は高い評価は受けないでしょう。しかし、感想文から一歩、小
論文に向けて踏み出したという意味で、評価できます。
　それは、以下の２点をクリアしているからです。

● 課題文を理解しようとしている（以下「課題文理解」と示す）
● 課題文に問い（テーマ、疑問）を見出そうとしている（以下「テー
　マ設定」と示す）

　ただし第３段落（③）からは、漠然としたイメージしか伝わってこない
ことが問題であると、第３章で指摘しました。
　少し考えてみましょう。第３段落で述べられている、

> ● 「違いを認める」関係では遠慮が生まれる
> ● 「違いを忘れる」ことができれば対等な関係を築くことができる

ということは具体的にはどういうことなのでしょうか？

みなさんの、まわりにいる友人、家族、知人で、自分とは異なると感じる人を思い出してみてください。またその人と自分には、どのような違いがあるのか、あれこれ考えてみるとよいでしょう。

たとえば、先輩・後輩、男性・女性、日本人・外国人、健常者・障害者……。貧富の差、社会的地位の差、上司と部下など、いろいろな違いが考えられます。

まず、受験生のみなさんは18歳前後の方が多いでしょうから、最も身近な先輩・後輩で考えてみてはどうでしょうか？

たとえば、次のように先輩・後輩の関係をとらえることができそうです。

> ● 先輩・後輩の「違いを認める」ことで、後輩は先輩に敬意を示さなければならないし、遠慮がちな態度になってしまう
> ● 先輩・後輩の「違いを忘れる」ことができれば、無駄な遠慮をしなくてすみ、対等な関係を築くことができる

「違い」という言葉が、「先輩・後輩」という自分自身に関わる単語を使うことによって具体的になりました。

さて、以上の説明をA君に行ったうえで、A君に書き直してもらったのが次の答案です。

答案例④

① 人間はすぐに争ってしまうが、犬は人間になんとか自分の気持ちを伝えようと工夫し努力するため称賛に値する。人間にとって「違いを認める」ことよりも「違いを忘れる」ことが重要で、犬に対しても畜生であることを忘れて付き合うべきだ。以上が筆者の言っていることである。

② 私たちはよく、自分と異なる人を認め理解することが大切だと考える。つまり「違いを認める」ことが大切だと言うのだ。いじめや差別、偏見をなくすために重要なことだからだろう。しかし筆者は「違いを忘れる」ことが重要だという。これはどういうことだろうか。

③ たとえば、部活の先輩・後輩関係で考えてみる。先輩と後輩は違う、先輩は後輩よりも上、ということを認めることで、後輩は先輩に敬語を使うことが強要され、言いたいことがあっても我慢しなければならない。しかし、もし先輩と後輩の違いを忘れることができれば、無駄な上下関係はなくなり、我慢や遠慮をすることなく、思ったことを自由に発言することができるだろう。その方がこれまでより、よい関係を築くことができると私は考える。

　どうでしょうか。よくなったと思いませんか？　よくなった理由は、第3段落が具体的になったからです。

　「違いを忘れる」ということはどういうことか、という**自分なりのテーマ設定**をしました。そして、先輩・後輩の**具体例を提示**して考察を行っています。その点で、ある程度評価できる答案となりました。

具体例とは何か

　さて、具体的とはどういうことでしょうか。

まず挙げられるのが「自分の体験」です。みなさんも昨日起こった面白いできごとを友人に話したくなるはずです。そう思うのは、それが自分にとってリアリティのある体験だからです。

　自分の体験を小論文に入れると、説得力のある文章となります。読んでいる人にリアリティを持って伝えられるからです。

　テーマ設定をした後は、それに沿った自分の体験はないかを考えます。これが**具体例の提示**です。

　さらに、もう1つ注目したいのは、第3章の 答案例❸ （37ページ）に示されていた、犬との比較が省略されているところです。これは、第3段落を具体的にすると文章が長くなるので、省いたのでしょう。A君は意識的にそうしたのでしょう。

　このように、小論文では、制限字数のなかで何が重要なことかを判断し、書くべきことを取捨選択しなくてはいけません。

具体性を上げる

　だんだん良くなってきたA君の小論文ですが、さらにレベルアップをしていきましょう。

　 答案例❹ には、

敬語を使うことが強要され、言いたいことがあっても我慢しなければならない。しかし、もし先輩と後輩の違いを忘れることができれば、無駄な上下関係はなくなり、我慢や遠慮をすることなく、思ったことを自由に発言することができるだろう

とあります。

　しかし、A君がどんなことをガマンしているのか、そしてそれがどう自由になると考えるのかという説明は、ここにはありません。この部分をさらに具体的に書き込んでいきましょう。

　これまでの講評をふまえて、A君に書き直してもらいました。みなさんは「具体性がアップした」と思った部分に下線を引いてください。

答案例❺

①私たちはよく、自分と異なる人を認め理解することが大切だと考える。つまり「違いを認める」ことが大切だと言うのだ。いじめや差別、偏見をなくすために重要なことだからだろう。しかし、筆者は、人間にとって「違いを認める」ことよりも「違いを忘れる」ことが重要だという。これはどういうことだろうか。

②部活の先輩・後輩関係で考えてみる。私はサッカー部に所属しているが、先輩であってもほぼ敬語は使わない。ちょっと気付いたことでも自由に先輩に意見できる。一方で、野球部では伝統的に先輩には敬語で、やはり意見を述べることが難しいそうだ。ここからわかるのは、先輩と後輩の違いを忘れることができれば、無駄な上下関係はなくなり、我慢や遠慮をすることなく、思ったことを自由に発言することができ、よりよい関係を築くことができるということだ。

③筆者は、人間にとって「違いを認める」ことよりも「違いを忘れる」ことが重要で、犬に対しても畜生であることを忘れて付き合うべきだと述べているが、まさに違いを忘れることで、人間関係は良好になり、雰囲気のよい集団を築くことができるのだ。

　どうでしょうか？　２段落目の

私はサッカー部に所属しているが〜やはり意見を述べることが難しいそうだ

　あたりに、下線が引けたのではないかと思います。

　A君の部活という実体験を具体例として提示することで、「違いを認める」「違いを忘れる」ということについて考えようとした答案です。野球部と比較しながらA君の所属するサッカー部の人間関係を語ることで、リアリティのある考察になっています。

このように、体験（直接体験＆間接体験）的な具体例を提示することは、課題文に示されている筆者の問題意識を、自分の問題としてとらえ直すということになるわけです。つまり、**自分の問題として考えるということが、「自分の考えを述べる」ことにつながる**のです。

具体例を考えよう

A君は自身が所属するサッカー部の先輩・後輩の例（直接体験）と、野球部の例（間接体験）を使って、「違いを認める・忘れる」という2つの面について考察しました。

ここでみなさんもA君と同じように、「違いを認める・忘れる」につながる具体的例を考えてみてください。どのような例が挙げられるでしょうか。できるだけたくさん書いてみましょう。

＊あなたのメモ

-
-
-
-
-

いかがでしょうか？　いくつ挙げられましたか？

具体例が小論文で重要だということは、次の答案例を見るとわかります。A君の小論文とどこが違うか、えんぴつでチェックしながら読んでください。

答案例❻

①私たちはよく、自分と異なる人を認め理解することが大切だと考える。つまり「違いを認める」ことが大切だと言うのだ。いじめや差別、偏見をなくすために重要なことだからだろう。しかし、筆者は、人間にとって「違いを認める」ことよりも「違いを忘れる」ことが重要だという。これはどういうことだろうか。

②私の高校では、2年前から男女の制服に区別がなくなった。男子がスカートを選んでもいいし、女子がズボンをはいてもいい。リボンもネクタイも選べるようになった。今では男女関係なく、コーディネートを楽しんでいる。すると高校1年生のときに顕著だった男女の区別が、さほど気にならなくなった。男女別に何かをすることも減り、クラスの一体感が生まれてきた。

③筆者は、人間にとって「違いを認める」ことよりも「違いを忘れる」ことが重要で、犬に対しても畜生であることを忘れて付き合うべきだと述べているが、まさに違いを忘れることで、人間関係は良好になり、雰囲気のよい集団を築くことができるのだ。

　いかがでしょうか。これはA君の答案の第2段落だけを書き換えたものです。しかし、読んでみるとまったく別の小論文のように感じるはずです。具体的な体験がどれだけ大事かがわかると思います。

具体 ⇄ 抽象の訓練

具体例の出し方

「具体例を書くのが難しいのですが、どうすればいいですか？」という質問を、受験生のみなさんからよく受けます。そこで、具体例の出し方について、少しだけお話ししましょう。

LINE を使っている人は多いと思います。そこで以下のような質問が出されたとしましょう。

「LINE でできることを、具体的に、可能な限りたくさん挙げてください」

この問いでは、「LINE でできること」という抽象的なテーマを具体化する作業になります。「メッセージを送る」「アルバムをつくる」「メモを共有する」など、いくつか具体化できそうですよね。では、次の問いはどうでしょうか？

「LINE でできないことを、具体的に、可能な限りたくさん挙げてください」

これは、ちょっと難しいですよね。「できること」は、実際に使っているときのことを思い出せばよいのですが、「できないこと」となると、なかなか思いつきません。なぜなら、みなさんは、それを体験したことがないからです。LINE がなかった時代を体験していなければ、具体的に挙げることはできませんよね？

でも大丈夫です。LINE がない時代の話をするのではなく、みなさんが知っている SNS を比較することで、違いが見えてきます。

いったん抽象化してみる

このような具体例を出すのが難しい問いの場合、いったん抽象化してみるのも1つの方法です。抽象化とは、**共通する要素を抜き出すことで一段階大きな概念で考えること**です。ですから、LINE と共通する要素のある、他の SNS ツールを探すのです。言い換えれば、LINE を SNS という一段階大きな概念に引き上げるということになります。

Twitter、Facebook、Instagram、TikTok などを思い浮かべましょう。そして、それらの SNS ツールでできることを思い出していけば、LINE でできないことが見えてきます。

「LINE でできないこと」(テーマ) ➡ 抽象化 ➡「LINE 以外の SNS でできること」➡ 具体化 ➡「LINE でできないこと」(具体例)

このように、「抽象化 → 具体化」という手順を経ることで、よい具体例が見つけられることがあります。

また、「違いを忘れる」のように、いきなり抽象という例も多いと思います。そのような場合も同じ方法で具体例を探すことができます。

たとえば、「～との違い」の「～」の具体例を、とにかくたくさん思い浮かべます。「犬」の話があるので、課題文の「パクリ」でもいいでしょう。

人間同士ならば、友人、親兄弟、先生、近所の大人たち……など、いろいろ出してみて、その「違い」を想像してみます。そうすれば、「違いを忘れる」とはどういうことか、少し見えてくるのではないでしょうか。

具体例の提示が重要

〈中塚先生からのアドバイス〉

　自分の考えを述べることは、課題文の筆者の問題意識を自分の問題としてとらえ直すことです。それは、**自分が体験したことのなかで、筆者の問題意識を検討すること**です。

　実際は、具体例を提示し、そのなかで考察を進める作業となります。ここでのポイントは、他人（筆者）ごとを自分ごととする点です。

　社会では日々、さまざまな事件が起こっています。しかし私たちはそのほとんどの事件を「自分には関係ない」と素通りしています。
　今日からは、**「この事件が自分に関係することだったら、どうするか？」**と考える練習をしていきましょう。

　身の回りのできごとや身近な人のことならば、自分ごと化しやすいでしょう。しかし、自分からの距離が遠くなればなるほど、それは難しくなります。
　いろいろな距離の事象を自分の問題として考えてみるといいですね。

4 具体的に書け

Column 2
他者理解は重要

　第3章で、小論文では、**課題文の理解と応答**が重要であると述べました。これは人間関係と同じです。

　相手のことを理解するとき、自分のことを話す前に、相手が話していることを聴かなければなりません。自分とは違う生活環境や国で育った人などの場合は、なおのことていねいに聴くことが必要です。

　僕が大学生のとき、あるイラン人と知り合いました。

　僕が「なぜイスラム教徒は豚肉を食べないの？」と尋ねたところ、「コーランに書かれているから」「昔からそうだから」の答え。それでもしつこく、「なぜコーランにそういったことが書かれたのだろう」と聞いてみると、こんな答えが返ってきました。

「中東の地域は、砂漠など、食物が豊富ではない地域で、人間の食物とバッティングするエサ（穀物）を食べる豚は飼うべきではないということを経験的に知っていたのではないか」

　この話を聞いて僕は心から納得しました。これが事実なのかどうかはわかりませんが、妙に腑に落ちたことを覚えています。

　僕は、その彼の話をていねいに（しつこく？）聴くことによって、彼のこと、イスラム教徒のことを以前よりも理解することができたわけです。そしてこのような対話を通じて、深く話をすることができるようになったのです。

　他者の話をていねいに聴き、相手を理解することで、よりよい人間関係を築いていくことができます。言い換えれば、相手の話をしっかり聴くことで初めて、適切な応答が可能になるということです。

第 5 章

独自の見解を示せ

さあ、ようやくゴールです。

提示した具体例をていねいに分析し、批判する姿勢を身につけましょう。

これまで学んできた、「課題文の理解と応答→具体例の提示」の流れのなかで、

「分析・批判」を行います。

自分の見解と「自分の考え」を示します。

自分の書いたことを、一歩引いて読んでみる。

そのような読み方を身につけましょう。

この章の目標

☑ 分析・批判を行う

☑ 自分の考えを示す

そこに自分の考えはあるか?

それは筆者の考え？　自分の考え？

そこに独自の考えはあるか

第４章のA君の答案（46ページ 答案例❺ ）を思い出しましょう。

---

①筆者の言う、「違いを認める」ことより「違いを忘れる」ことが重
要だということはどういうことか。
②所属するサッカー部では、先輩と後輩の違いを忘れ、よい関係を築
くことができている。
③違いを忘れることで、人間関係は良好になり、雰囲気のよい集団を
築くことができる。

　この答案は、ある程度の評価を受けると思います。それは、課題文をしっ
かりと理解した上で問いを立て（①）、具体的に考察している（②）から
です。

　ちょっとここで、小論文の評価基準についてお話しします。拙著『採点
者の心をつかむ　合格する小論文』の第１章で紹介した基準を、ここでも
紹介しますね。

評価基準

①課題文をふまえているか。

　○：課題文に十分対応した答案になっている。

　△：課題文を読み、利用しているが、十分対応できているとは言えない。

　×：課題文をほとんど読んでいない。

②具体的に（自分なりに）考察することができているか。

　○：十分具体的に（自分なりに）考察することができている。

　△：具体的に（自分なりに）考察しようという姿勢はあるが、不十分。

　×：具体的に（自分なりに）考察しようという姿勢がほとんどない。

総合評価

　A：①、②ともに○ → 優秀な答案

　B：①、②どちらかが○で、もう一方が△ → 評価できるところが
　　ある答案

　C：①、②どちらも△ → 平均的で凡庸、ありふれた答案

　D：①、②どちらかが×で、もう一方が△ → 大きな欠点がある答
　　案

　E：①、②どちらも× → ほとんど壊滅的な答案

　※①、②どちらかが○で、もう一方が×も考えられるが、その場合、評価はCとなる。

　勘のいいみなさんは、もうお気づきかもしれません。この評価基準は、本書の第3章、第4章で説明した内容とリンクします。

　第3章では課題文への応答、第4章では具体例の提示を、みなさんにお伝えしました。これらは、評価基準の①と②に対応します。

　この評価基準は、小論文の答案を評価すると同時に、どうやって小論文を書くかを意識するためのものでもあります。

　つまり、**評価基準の①と②で○をとろうと思って小論文を書くと、評価される答案に近づく**のです。

採点者になって考える

A君の答案を採点してみよう

　これまでのA君の答案を、評価基準に基づいて採点してみましょう。本章のメインテーマに入る前としては長くなりますが、大切なことです。

　みなさんも採点者になったつもりで、A～Eの評価と、○△×をつけてみてください。

答案例❶

①人間はすぐに争ってしまうが、犬は人間になんとか自分の気持ちを伝えようと工夫し努力するため称賛に値する。人間は「違いを認める」ことよりも「違いを忘れる」ことが重要で、犬に対しても畜生であることを忘れて付き合うべきだ。以上が筆者の言っていることである。私は筆者の意見に賛成だ。

②他者と交流する場合、「違いを認める」ことは難しい。自分と同じ考えの人とはすぐに仲良くなれるが。まったく反対の考えの人と交流することはなかなかできないからだ。さらに、「違いを忘れる」とは、どうすることなのかもわからない。「違いを認める」ことすらできないのに、それを忘れることなど無理ではないかと思うのだ。

③たしかに、「違い」を認めることも、忘れることも難しいだろう。しかし、犬に対して畜生であることを忘れることができれば、その犬とは家族のように付き合うことができるのかもしれない。ならば、違う考えの友人に対して、その「違い」を忘れることができれば、よい関係を築くことができるのかもしれない。私も他者と交流する場合、がんばって他者との違いを忘れるように心がけていきたいと思っている。

> **あなたの評価（A 〜 E）** ＿＿＿＿＿
> ①課題文をふまえているか（○△×）。→ ＿＿＿＿＿
> ②具体的に（自分なりに）考察することができているか（○△×）。
> 　→ ＿＿＿＿＿

　まず、第1段落で課題文の要約を行っています。課題文を一応読めていると言えそうです。よって僕は「評価①」に△をつけました。

　しかしその後は、しっかりと論じられていません。この要約は、評価できないとして×と判断する採点者もいるかもしれません。

　第2、3段落は、「難しい」「がんばる」といった雑感を述べているだけなので「評価②」は×。したがって、総合評価はDです。

> **評価**　D
> ①課題文をふまえているか。→ △
> ②具体的に（自分なりに）考察することができているか。→ ×

答案例❸

①人間はすぐに争ってしまうが、犬は人間になんとか自分の気持ちを伝えようと工夫し努力するため称賛に値する。人間にとって「違いを認める」ことよりも「違いを忘れる」ことが重要で、犬に対しても畜生であることを忘れて付き合うべきだ。以上が筆者の言っていることである。

②筆者は、犬が人間という異なった存在に対してでも、気持ちを懸命に伝えようとしていることを取り上げることで、人間もそのようにあるべきだと伝えているのではないか。私たちはよく、自分と異なる人を認め理解することが大切だという。つまり「違いを認める」ことが大切だと言うのだ。もちろん、いじめや差別、偏見をなくすために重要なことだからだろう。しかし筆者は「違いを忘れる」ことが重要だという。これはどういうことだろうか。

③自分と異なる相手に対して、その「違いを認める」ということは大切ではあるが、つねに違いを意識していては、遠慮して付き合うことになりはしないだろうか。それでは、よい関係とはいえない。そうした意識や遠慮を取り払ったとき、つまり「違いを忘れる」ことができた時、本当に対等な関係を作ることができるのではないだろうか。

あなたの評価（A ～ E） ＿＿＿＿＿＿＿

①課題文をふまえているか（○△×）。→ ＿＿＿＿＿＿＿

②具体的に（自分なりに）考察することができているか（○△×）。

　→ ＿＿＿＿＿＿＿

　第1段落で、課題文の要約を行ったうえで、第2段落で筆者の見解に対して問いを立てることができているため、「評価①」は○となります。

　しかし、第3段落は、具体性がないため、「評価②」は×です。具体的に考えようとする努力を評価し、△と判断する採点者もいるかもしれませんが、僕がつける総合評価はCです。

答案例⑤

①私たちはよく、自分と異なる人を認め理解することが大切だと考える。つまり「違いを認める」ことが大切だと言うのだ。いじめや差別、偏見をなくすために重要なことだからだろう。しかし、筆者は、人間にとって「違いを認める」ことよりも「違いを忘れる」ことが重要だという。これはどういうことだろうか。

②部活の先輩・後輩関係で考えてみる。私はサッカー部に所属しているが、先輩であってもほぼ敬語は使わない。ちょっと気付いたことでも自由に先輩に意見できる。一方で、野球部では伝統的に先輩には敬語で、やはり意見を述べることが難しいそうだ。ここからわかるのは、先輩と後輩の違いを忘れることができれば、無駄な上下関係はなくなり、我慢や遠慮をすることなく、思ったことを自由に発言することができ、よりよい関係を築くことができるということだ。

③筆者は、人間にとって「違いを認める」ことよりも「違いを忘れる」ことが重要で、犬に対しても畜生であることを忘れて付き合うべきだと述べているが、まさに違いを忘れることで、人間関係は良好になり、雰囲気のよい集団を築くことができるのだ。

第１段落で、筆者の見解に対して問いを立てることができているため、

5 独自の見解を示せ

59

「評価①」は○です。

第2段落では、体験的な具体例を提示して考察することができているため、「評価②」は○です（考察が浅いので△と判断する採点者もいるでしょう）。したがって、総合評価はAです。

評価　A

①課題文をふまえているか。→ ○

②具体的に（自分なりに）考察することができているか。→ ○

以上、3つの答案を評価基準にのっとって採点してみました。みなさんの採点はいかがでしたか。

また、僕の評価に納得できたでしょうか。できなかったとしたら、それはどの部分かを考えることが、小論文の考察につながるはずです。

批判的態度とは何か？

文章を批判的に見るとは？

　長い前振りに付き合っていただき、ありがとうございました。ようやく本章のメインテーマに入ります。

　本章では「独自の見解を示すこと」についてお話しします。先ほど評価した 答案例⑤ が、より評価されるための方法です。答案例⑤ はA評価でした。それより高く評価される答案に仕上げることを目標にします。

　独自の見解を示すために必要なのは、批判的な態度です。

　ちなみに「批判」という言葉は、一般的には「文句をつける」「悪口を言う」などネガティブな行為のように思われています。しかし辞書的な意味では、「よい点、悪い点を見分け、物事を評価・判定すること」のように、フラットな単語なのです。

　批判することは、実はそれほど難しいわけではありません。一言で言うならば、**「疑う」ということ**です。「なぜそうなのか？」「本当にそうなのか？」と考えることです。

5 独自の見解を示せ

　たとえば新聞。みなさんは新聞に載っていることは「正しい」と思っていますか？　まったくもってそんなことはありません。同じ問題でも、A紙とB紙ではまったく別の意見や結論を示していることは当たり前のようにあります。

　もっと言うと、間違っていることもあります。ですから、新聞やテレビで言われていることを鵜呑みにするのではなく、批判的な目で見る必要があるのです。大人が言っているのだから正しい、先生が言っているのだから本当だと納得してはいけません。納得する前に、自分で考えなければならないのです。ふだんから、自分の体験や知識に照らし合わせて、**「それは本当に正しいのか？」と疑うクセ**をつけてください。

大賛成・大反対は批判的思考ではない

「大賛成・大反対」といったざっくりとした意見では、それ自体には意味がありません。必要なのは、「どこに賛成・反対なのか」「なぜ賛成・反対なのか」を示すことです。つまり、賛成する理由、反対する理由が必要です。これがなければ、真っ当な批判とは言えません。

とくに小論文の課題文で出される文章は、ある程度整合性のある内容です。言ってみれば「真っ当な意見」がほとんどなわけです。その意見にただ賛成するだけでは、読みたいと思わせる批判にはなりません。また大反対しても、しっかりとした理由がなければなぜ反対なのかが読み手には一切伝わらないでしょう。

批判のトレーニング

僕が提案する批判のトレーニング方法は、なんらかの作品の批評です。本や映画でもよいのですが、個人的には漫画やアニメの批評を行うのがおすすめです。どこが面白かったのか、人物のどこに共感したのか、何に違和感を抱いたのかなどを考えながら鑑賞します。それを文章にできたら、なおいいですね。

また、社会の問題について考えるのもよいでしょう。
たとえば、少子高齢化はどのような問題で、どう解決すべきかを考えてみましょう。その際、表面的な情報だけを見ていてはいけません。ネットニュースなどは、「事実」をできるだけコンパクトに、かつインパクトが出るように書かれています。そのような記事ばかりを読んで情報を取るクセがつくと、その「事実」の背景や原因などは考える時間を作ることはなくなるでしょう。その「事実」が本当に「事実」なのかすら危ういのに……。ポイントは、問題の背景や原因を推測することです。背景・原因を追っていけば、解決につながることが多いからです。では、続けて見てみましょう。

独自の見解を引き出す

自分が考えた具体例を考察する

　課題文を理解し、具体的に考えるということを伝えてきましたが、ここではその具体例を考察することで、独自の見解を導き出していきます。

　答案例⑤ を再度掲載しますので、読み直してみましょう。

❓ 答案例を見てみよう！

答案例⑤

　私たちはよく、自分と異なる人を認め理解することが大切だと考える。つまり「違いを認める」ことが大切だと言うのだ。いじめや差別、偏見をなくすために重要なことだからだろう。しかし、筆者は、人間にとって「違いを認める」ことよりも「違いを忘れる」ことが重要だという。これはどういうことだろうか。

　部活の先輩・後輩関係で考えてみる。私はサッカー部に所属しているが、先輩であってもほぼ敬語は使わない。ちょっと気付いたことでも自由に先輩に意見できる。一方で、野球部では伝統的に先輩には敬語で、やはり意見を述べることが難しいそうだ。ここからわかるのは、先輩と後輩の違いを忘れることができれば、無駄な上下関係はなくなり、我慢や遠慮をすることなく、思ったことを自由に発言することができ、よりよい関係を築くことができるということだ。

　筆者は、人間にとって「違いを認める」ことよりも「違いを忘れる」ことが重要で、犬に対しても畜生であることを忘れて付き合うべきだと述べているが、まさに違いを忘れることで、人間関係は良好になり、雰囲気のよい集団を築くことができるのだ。

何度も述べたように、第2段落の具体例は悪くありません。しかし、第3段落でほとんど何も述べていません。筆者に同意しているだけです。よってここは評価できません。

　本章では、この第3段落を、第2段落の具体例に基づいて深めていきます。難しい言葉で言うならば、「具体例の分析・批判を行う」です。

　まず、第2段落の具体例を整理します。

- ● サッカー部に所属
- ● 先輩に敬語は使わない
- ● 先輩に意見できる
- ● 先輩と後輩の違いを忘れれば、無駄な上下関係はなくなる
- ● 思ったことを自由に発言することができる
- ● よりよい関係を築くことができる

　ざっくりまとめれば、先輩・後輩の「違い」を忘れることができれば、部活の人間関係はよくなる、ですね。

　ただ、ここでちょっと考えてみたいのは、Ａ君のサッカー部では、「なぜ『違い』を忘れることができているのか」ということです。つまり、どうして先輩・後輩の関係がフラットなものであることが可能なのかを考えて（疑って）みたいわけです。

　先輩に敬語を使わず、なんでも意見できるという状況は、日本の高校の部活ではそんなに簡単なことではないはずです。

　Ａ君の部活では、先輩と後輩の間に信頼関係があり、だからこそフラットな関係でいられるのではないでしょうか。後輩が先輩に、先輩が後輩にある種の敬意を持っているからこそ、敬語にこだわらなくてもいいのだと思います。後輩が先輩を信頼するということは、「先輩を先輩として認める」ことにほかなりません。先輩が後輩を信頼するということは、「後輩の存在を認める」ことです。

これはつまり、「違いを認めている」ということではないでしょうか。「違いを忘れる」ことは、なかなか難しいことです。その前に「違いを認める」というステップがあってこそ、「忘れる」ことが可能になるのではないでしょうか。

このような分析を踏まえて、A君に書き直しをしてもらいました。

❓ 答案例を見てみよう！

答案例❼

①私はサッカー部に所属しているが、先輩であっても、ほぼ敬語は使わない。ちょっと気付いたことでも、自由に先輩に意見できる。一方で、野球部では伝統的に先輩には敬語で、やはり意見を述べることが難しいそうだ。ここからわかるのは、先輩と後輩の違いを忘れることができれば無駄な上下関係はなくなり、我慢や遠慮をすることなく、思ったことを自由に発言することができ、よりよい関係を築くことができるということだ。その意味では、「違いを認める」ことよりも「違いを忘れる」ことが重要だという筆者の考えに同意したい。

②しかし、「違いを忘れる」のは、そんなに簡単なことではない。私の部活でも、先輩への信頼や敬意があったからこそ、フラットで自由な関係を築くことができたのである。先輩を見て憧れ、その姿に見習った経験があるので、敬語など使わずともよい関係でいられるわけだ。つまり、まずは他者との「違いを認める」ことが必要で、それがあってこそ「違いを忘れる」ことができるようになるのではないかと私は考える。

いかがでしょうか。直感的にも、よく考えている感じは伝わってくるでしょう。少し説明しますね。

サッカー部の具体例は、**答案例❺**と同じですが、第２段落でその分析・批判を行っています。以下に簡単にまとめます。

> ● 「違いを忘れる」のは難しい。
> ● 先輩への信頼や敬意があってこそ、フラットで自由な関係を築くことができた。
> ● 先輩を見て憧れ、その姿に見習った経験があるので、よい関係でいられる。
> ● まず他者との「違いを認める」ことがあって「違いを忘れる」ことができるようになる。

　筆者の言うところの「違いを忘れる」意義を認めつつも、**まず「違いを認める」ことがあってこそ「違いを忘れる」ことができるのではないかというのが、A君の見解**です。

　細かく読めば、疑問に思うところもあります。しかし、全体を通してA君がしっかりと考えたということが伝わってきます。

　「違いを認める」ことよりも「違いを忘れる」ことの方が大事という筆者に対して、少し異なる見解を示したところが評価できるのです。

独自の見解の示し方

筆者の意見を受けつつ、批判する

　独自の見解を示すためには、筆者の意見を分析・批判する必要があります。分析といっても、それほど大げさなものではありません。以下の視点で考えます。重複するところが多々ありますが、細かいことは気にしないでください。

　1　筆者の述べていることは当てはまるが、少々異なる点がある。

　2　筆者の述べていることは当てはまるが、見落としがある。

　3　筆者の述べていることは当てはまるが、さらに新しい視点を加えることができる。

　4　筆者の述べていることは理解できるが、納得できない点がある。

　5　筆者の述べていることは理解できるが、ほとんど納得できない。

　A君は、筆者が言う「違いを忘れる」ことの意義を認めつつ、「違いを認めてこそ、違いを忘れることができる」としています。つまり、「2」に当たります。「認めることが先にくる」という点を、筆者は見落としていると批判しているからです。

　では次の 答案例❻ に、独自の見解を加えてみましょう。みなさんならどんなことを独自の見解として書き加えますか？　考えながら読んでみましょう。

答案例⑥

①私たちはよく、自分と異なる人を認め理解することが大切だと考える。つまり「違いを認める」ことが大切だと言うのだ。いじめや差別、偏見をなくすために重要なことだからだろう。しかし、筆者は、人間にとって「違いを認める」ことよりも「違いを忘れる」ことが重要だという。これはどういうことだろうか。

②私の高校では、２年前から男女の制服に区別がなくなった。男子がスカートを選んでもいいし、女子がズボンをはいてもいい。リボンもネクタイも選べるようになった。今では男女関係なく、コーディネートを楽しんでいる。すると高校１年生のときに顕著だった男女の区別が、さほど気にならなくなった。男女別に何かをすることも減り、クラスの一体感が生まれてきた。

③筆者は、人間にとって「違いを認める」ことよりも「違いを忘れる」ことが重要で、犬に対しても畜生であることを忘れて付き合うべきだと述べているが、まさに違いを忘れることで、人間関係は良好になり、雰囲気のよい集団を築くことができるのだ。

第２段落の具体例を整理します。

- 高校の制服に男女の区別がなくなった
- 男子のスカート、女子のズボンなど自由に選べる
- 皆はコーディネートを楽しんでいる
- 男女の区別が気にならなくなった
- 男女別の活動が減った
- クラスに一体感が生まれた

ざっくりとまとめると、制服に男女の差がなくなったことで、男子・女子という区別が気にならなくなり、関係がよくなった、です。では、関係がよくなった原因はなんでしょうか？　それは制服の変更です。

　つまり「具体的な制度を変えることで、意識が変わった」ことになります。これを独自の見解として、書き直してみましょう。

❓ 答案例を見てみよう！

答案例❽

　私たちは、自分と異なる人を認め理解することが大切だと教わる。私もそう思う。皆が「違いを認める」ことができれば、いじめや差別、偏見はなくなるだろう。筆者はさらに、人間にとって大切なのは「違いを忘れる」ことだという。これはどういうことだろうか。

　私の高校では、2年前から男女の制服に区別がなくなった。男子がスカートを選んでもいいし、女子がズボンをはいてもいい。リボンもネクタイも選べるようになった。今では男女関係なく、コーディネートを楽しんでいる。すると高校1年生のときに顕著だった男女の区別が、さほど気にならなくなった。男女別に何かをすることも減り、クラスの一体感が生まれてきた。制服の変化が、男女の違いを忘れさせてくれたのだ。

　意識を変えることは難しい。どんなに強く念じても、ふとした拍子に「違う」という考えが浮かんでしまう。しかし、制服の決まりを変えたように制度を変えることはできる。そうであるなら、よい集団をつくるためにできることは、まずは分断を生んでいる具体的制度を見つけ出し、それを変えることだ。制度を変えることを通じて、私たちは意識を変えていくことができるはずだ。

この答案は、「4　筆者の述べていることは理解できるが、納得できない点がある」という観点で述べています。

　筆者が大切だと主張する「違いを認める・忘れる」ことは大切だとしつつ、「意識を変えることは難しい」と批判し、制服の例から「制度を変える」という具体的な解決策を示しています。

　分析・批判をすることは（とくに批判をすることは）、たんに賛成・反対を示すことではありません。文句やイチャモンをつけることでもありません。筆者の考えを認めつつ、自分の考えを具体的に述べることなのです。

独自の見解を示す

〈中塚先生からのアドバイス〉

　自分の考えを述べる小論文のゴールは、自分なりの考えを書くことです。課題文をふまえ、具体例を提示する。そして最終的には、その具体例から言えること、つまり**独自の見解**を示します。

　ここまできてようやく、「小論文で自分の考えを述べた」と言えるのです。

　重要なのは、**自分が出した具体例を分析・批判すること**です。この「自分が出した」が大事です。

　筆者の具体例を分析・批判しても、筆者の考えの延長にすぎません。

　批判的態度とは、当たり前と思われることをそのまま信じ込むのではなく、**疑いを持つ**ことです。そのためにはふだんから、物事をさまざまな角度から観察することが必要となります。

　それが本当に正しいかどうか、見極める目を養ってください。

5

独自の見解を示せ

Column 3
自分のスタイルを作ろう

　小論文では、以下のような頭の動きが必要という話をしてきました。

①課題文を理解し応答する
②具体的に書く
③独自の見解を示す

　この3つを、①→②→③の順に考える、ことをお話ししてきました。ただし、人間の頭はそんなにうまくできてはいません。そのため、常にこの順番でというわけにはいきません。

　たとえば僕の場合、③→①→②→③で考えることが多いです。

　まず、課題文を読むと、「ちょっとおかしい」や「ここは納得がいく」など、批判的に読んでしまいます。つまり、直感的に独自の見解を出そうとしています（③）。
　そして、その見解が本当に正しいのかどうかを確かめるために、課題文を再度ていねいに理解しようとします（①）。
　さらに、自分の見解を具体的に検討します（②）。そこで納得がいけば、独自の見解として述べることができるのです（③）。

　これは、長いこと小論文に関わってきたからかもしれません。ですので、これから小論文を学習し始めるみなさんは、まずは①→②→③の順で考えるということを試してください。
　ただし、この小論文の考え方に慣れてきたら、みなさんなりの思考のプロセス、思考のスタイルを確立してください。

第 **6** 章

まとめ

- -

本章では、これまで学んできたことをまとめます。

新しい問題を通して、第1~5章の学びを確認し、

実践的な力を身につけてください。

小論文の入試問題を解くためには、どういったプロセスが必要か、

体感してもらいます。

読者のみなさんも一緒に新しい問題を解いてみましょう。

この章の目標

☑ これまでの学びを確認する

☑ 新しい設問で学びを確認する

学んだことを確実なものに！

新たな問題にチャレンジしよう

３つのポイントで書いてみよう

第１～５章で説明してきたことを、以下にまとめます。

- 感想文はだめ
- 課題文を理解し、問題を共有する（出題者と会話する）
- 課題文の無視はだめ（課題文に応答する）
- 具体的に書く
- 独自の見解を示す

　小論文は、課題文を理解したうえで、問題を共有し自分の意見を述べる文章です。まず課題文をよく読み、その意図をふまえて具体例を提示することが必要です。

　その具体例を分析し、批判を行うことができれば、さらによい評価となるはずです。以下が、本書でみなさんにお伝えしてきた小論文のポイントです。

- 課題文の問題意識を理解し応答する
- 具体例を提示し問題意識を自分事化する
- 具体例の分析・批判を行うことで独自の見解を示す

　では、これまでみなさんが学んできたことを活かして、新しい問題に取り組んでみましょう。まずは、課題文と設問を読んでみてください。

［設問］　次の文章を読んで、後の問に答えなさい。

（滋賀県立大学　人間文化学部　後期改）

文章の背景

　以下は、福岡県出身で、アイルランド人と結婚した著者と、夫婦の間に生まれた「息子」との会話である。一家は、イギリスの地方都市で、住民間の経済格差が顕著な地域に住んでいる。「息子」は、かつてカトリック系の小学校に通っていたが、中学では白人労働者階級の子どもたちが多く通う学校に通っている。

　会話には、「息子」の2人の友人が出てくる。ティムは、地元生まれ地元育ちの白人だが、労働者階級家庭出身で、家庭の経済状態は悪い。他方、ダニエルはハンガリー移民^(注1)だが親がレストラン経営で成功し裕福である。ダニエルは父親のアジア人に対する差別的態度を見て育った。（文章の背景はここまで。以下、本文に入る。）

　冬休みが終わり、二学期が始まると雨降りの朝が続いた。うちはわたしが自動車を運転しないので、雨が降っても徒歩通学だ。が、学校に着いたら制服のズボンの裾がずぶ濡れのうちの息子に同情し、友人たちが一緒に車で登校しないかと誘ってくれているようだ。

　坂の上の高層団地に住むティムは、雨がひどく降る朝は一番上のコワモテの兄が（盗難車という噂もある）車で学校まで送ってくれるようで、ちょうどうちの前の道を通って行くからと二日ばかり連続で息子を一緒に乗せて行ってくれた。ところが、その噂を聞きつけたダニエルが、うちのBMWに乗っていけと執拗に息子を誘っているらしい。

　「行きはティムのお兄ちゃんに送ってもらって、帰りはダニエルのお母さんっていうのがベストなんだけどなあ。ティムのお兄ちゃんは僕らを送ったら夕方まで仕事だから、帰りは迎えに来てもらえないし」と息子は悩んでいる。

　「だけど、帰りだけでいいなんて言い出しにくいから、ダニエルのお母さんに送ってもらうなら行きも帰りもってことになるけど、最初に誘ってく

れたのはティムだし、そっちを裏切るわけにもいかない」

「朝はティムのお兄ちゃんで、帰りはダニエルのお母さんがまとめて送ってくれたら一番合理的だけどね」

　わたしが言うと息子はぶんぶんと首を振った。

「絶対に無理。彼らは仲が良くないから、なんか僕は2人の板挟みになっちゃって」

「友達から取り合いされてんの？　人気者じゃん」

　と笑うと、息子が真剣な顔つきで言った。

「そういうんじゃないんだよ。あの2人、互いにヘイトをぶつけ合っている」

　ダニエルは、ハンガリー移民の両親を持つわりには移民に対する差別発言が多く、うちの息子とも最初はそれで喧嘩したりしていたが、一緒にミュージカルに出演したことをきっかけに仲良くなった。以降、まじめなうちの息子が彼のレイシズム発言を口うるさく注意するので、最近ではあまりどぎついことは言わないらしい。

　ところが、界隈で「チャヴ[注2]団地」と呼ばれる坂の上の高層団地に住むティムと息子が仲良くなっているのをダニエルは快く思っていない。「あいつの一家は反社会的」とかアンダークラスとつきあうとろくなことがない」などと言っていて、本人の前ではさすがにそういうことは言わないらしいが、偏見に満ちた目つきというのは見られている当人にはわかるものだ。ティムはティムで「くそハンガリー人」とか「東欧の田舎者」とか人種差別的なことを言い出したそうで、顔を合わせればヤバい空気が漂うと息子はため息をついた。

「確かに、それじゃあ一緒に通学はできそうもないね」

「うん。どうしてこんなにややこしいんだろう。小学校のときは、外国人の両親がいる子がたくさんいたけど、こんな面倒なことにはならなかったもん」

「それは、カトリック校の子たちは国籍や民族性は違っても、家庭環境は似ていたからだよ。みんなお父さんとお母さんがいて、フリー・ミール制度[注3]なんて使ってる子いなかったでしょ。でもいまあんたが通っている中学校には、国籍や民族性とは違う軸でも多様性がある」

「でも多様性っていいことなんでしょ？　学校でそう教わったけど？」

「うん」

「じゃあどうして多様性があるとややこしくなるの」

「多様性ってやつは物事をややこしくするし、喧嘩や衝突が絶えないし、そりゃないほうが楽よ」

「楽じゃないものが、どうしていいの？」

「楽ばっかりしてると、無知になるから」

　とわたしが答えると、「また無知の問題か」と息子が言った。以前、息子が道端でレイシズム的な罵倒を受けたときにも、そういうことをする人々は無知なのだとわたしが言ったからだ。

ブレイディみかこ『ぼくはイエローでホワイトで、ちょっとブルー』（新潮社、2019年）を一部改変

（注1）ハンガリー移民…イギリスでは第二次世界大戦後、東欧から移民を受け入れた。

（注2）チャヴ…「下層民」を示すスラング。

（注3）フリー・ミール制度…生活保護や失業保険を受給している家庭の子どもが、無料で給食を食べることができる制度。

問　課題文をふまえ、多様性について、あなたの考えを600字以内で述べなさい。

6
まとめ

課題文の問題意識とは

1. 課題文の問題意識を理解し応答する

　まず、**課題文の問題意識を理解し応答すること**から始めましょう。課題文の内容をまとめてみます。

- 経済状況の悪い家庭のティムが、息子に、雨の日には車で一緒に登校しないかと誘ってくれた。
- 裕福な家庭のダニエルも、息子に、車で一緒に登校しないかと誘ってくれた。
- 息子は、行きはティムの兄、帰りはダニエルの母親の車というのがベストだと思っている。
- 息子は、ティムとダニエルの二人の板挟みになっている。
- ティムとダニエルの二人は、互いにヘイトをぶつけ合っている。
- ダニエルはハンガリー移民の子だが、移民への差別発言が多い。
- ティムは白人で、人種差別的なことを言い出している。
- 息子の小学校はカトリック校で、裕福な家庭が多かったので、面倒なことは少なかった。
- 息子の中学校は、国籍、民族性に加えて、違う軸でも多様性がある。
- 多様性はよいことだが、物事をややこしくするし、衝突が絶えないので、ない方が楽。
- 楽じゃないものがよいのは、楽ばかりしていると無知になるからだ。

　少々長い文章でした。しかし、母と息子のやりとりを中心に描かれているので、内容はシンプルです。以下に内容をまとめます。

多様性には、よいところと悪いところがある。つまり、多様性は尊重されなければならないが、実現には困難が伴っている。ただ、困難であっても、いや、困難であるからこそ大切にしなければならない。楽をしては無知になるからだ。

　以上が課題文の筆者が意図することと思われます。
　それでは課題文との応答、「論述の方向性＝テーマ」を考えましょう。もう一度、課題文のポイントを整理します。

> ◉多様性は尊重されなければならないが、その実現には困難が伴っている。
> ◉困難であるからこそ大切にしなければならない。
> ◉楽をしては無知になる。

　このポイントをふまえて、次のような問いが立てられそうです。

> ◉多様性の尊重はどのようになされるべきか？
> ◉多様性はなぜ実現困難なのか？
> ◉楽をすれば無知になるとはどういうことか？

　そして、これがみなさんの作成する答案のテーマとなります。

2 . 具体例を提示し問題意識を自分事化する

　次に、具体例を提示し問題意識を自分ごと化していきましょう。
　先ほど立てたテーマのうち、

といったことを問うことのできる具体例を探さなければなりません。どんな具体例があるでしょうか。

課題文では、国籍や民族性、そしてはっきりとは書かれていませんが、貧富の差が生み出す問題が示されています。同様の具体例を出してもよいですし、別の多様性の具体例を出してもよいでしょう。

日本で育った受験生のみなさんで、国籍、民族性、貧富の差という多様性を実感したことがある人は多くないかもしれません。それでも、留学生は学校で、外国人労働者はコンビニで見かけることがあるはずです。

格差社会や子どもの貧困という単語をニュースで聞いたことがあるかもしれませんね。そういった人々が存在する多様な社会を具体例とすることは可能なはずです。

また、性別、LGBTQ、障害者、病気、加齢、宗教、職歴など、課題文とは別の多様性を具体例にしてもよいと思います。

いずれにしても、**自分にとってリアリティのある具体例**を挙げてください。

さて、この問題でもA君に答案を書いてもらいました。

A君はサッカーをしているので、サッカーにおける多様性から具体例を考えました。

サッカーのクラブチームは、世界中の国籍を持つ、優秀な選手の集まりです。日本の選手もヨーロッパを中心としたクラブチームに所属しています。ヨーロッパのある地方のサポーターたちが、世界中から集まった選手を応援する。その意味で、国籍の多様性に富んだスポーツといえるでしょう。

しかし一方で、ワールドカップなどの国際大会になると、ふだんサッカーに関心のない人も各国の代表チームの応援に熱が入ります。いわゆるナショナリズムが発動されることになります。

　ナショナリズムは、自国民、自民族という所属に価値を見出すことです。これは多様性と反する考え方にもつながります。また、代表チームに他の民族などが参加していると、SNSなどで人種差別的発言が発信されることもあります。

　こうした状況を説明することで、

> ● 多様性の尊重はどのようになされるべきか？
> ● 多様性はなぜ実現困難なのか？

という問い（テーマ）に対応した具体例を示すことができるのではないでしょうか。

　また、この具体例であれば、

> ● 楽をすれば無知になるとはどういうことか？

ということについても、考察することができます。

「楽しいから、サッカーは今のままでいいじゃない」という態度を選べば、それは楽なことかもしれません。

　国籍、民族などの多様性の問題に取り組むことは、たしかに簡単ではありませんし、楽ではありません。しかし、問題に取り組むことで、完全には解決できないかもしれませんが、サッカーを取り巻く環境そのものをよ

6
まとめ

りよくすることができるはずです。

　ここまで考えることができれば、十分に評価される答案を作ることができます。しかし、さらにもう一歩進んで考察し、独自の見解を織り込んでみましょう。

3. 具体例の分析・批判を行うことで独自の見解を示す

　課題文の問題意識の理解と応答 → 具体例を提示し問題意識を自分ごと化する、ができていれば評価される答案になります。ここではさらにもう一歩進めてみましょう。
　すでにお話ししましたが、独自の見解を示すためには、次のように考えるといいでしょう。

1　筆者の述べていることは当てはまるが、少々異なる点がある。
2　筆者の述べていることは当てはまるが、見落としがある。
3　筆者の述べていることは当てはまるが、さらに新しい視点を加えることができる。
4　筆者の述べていることは理解できるが、納得できない点がある。
5　筆者の述べていることは理解できるが、ほとんど納得できない。

　ここでは、「3」の「新しい視点を加える」方向でいきたいと思います。

　少々知識が必要になるのですが、ラグビーの代表チームには、国籍が必要ありません。一定の条件をクリアさえすれば、代表入りをすることができます。ラグビーワールドカップの日本代表に外国人選手が多かったのは、そういった理由からです。
　いわゆる「日本人らしくない選手」が多いことで、違和感を抱いた人もいたようです。しかし勝ち進むにつれて、多くの人が熱いエールを代表

チームに送るようになりました。これはスポーツを通じて、多様性が受け入れられるようになった例になりそうです。

　こうした情報から、「サッカーにもラグビーのやり方を適用してもよいのではないか」という考えを示すことができます。これを独自の見解として、A君に答案例を作成してもらいましょう。

❓ 答案例を見てみよう！

答案例❾

　サッカーのクラブチームは、世界中の優秀な選手の集まりだ。日本選手もヨーロッパを中心としたクラブチームに所属している。ヨーロッパのある地方のサポーターたちが、世界中から集まった選手を応援するのを見ると、非常に国籍の多様性に富んだスポーツであるといえるし、それは尊重されるべきであると思う。

　しかし一方で、W杯になると、普段サッカーに関心のない人まで、各国の代表チームの応援に熱が入る。ナショナリズムが発動されるのだろう。また、代表チームに外国人が入っていると、ＳＮＳなどで人種差別的発言が生じることがある。これらは多様性とは反する行動と言えよう。

　さて、ラグビーの代表チームには、国籍が必要ではない。だからラグビーW杯の日本代表には、外国人選手が多かったのだ。日本人らしくない選手が多いチームで、開幕前後では、観ている人々も違和感を抱いたのだろうけれど、勝ち進むことで多くの人がチームにエールを送っていたのを覚えている。日本での多様性への見方がよい方向に向かっていった例ではないだろうか。私は、サッカーなど他のスポーツにも、ラグビーのような条件を適用してもよいのではないかと考える。そして、多様な人の集まったチームを素直に応援できるようになればよいのである。

6

まとめ

どうでしょうか？　本章のこれまでの説明を貼りつけて整理しただけですが、小論文らしくなっていますね。みなさんはぜひ、評価基準にのっとって採点してください。

あなたの評価（A 〜 E） ＿＿＿＿＿＿

①課題文をふまえているか（○△×）。→ ＿＿＿＿＿＿

②具体的に（自分なりに）考察することができているか（○△×）。

　　→ ＿＿＿＿＿＿

さまざまな種類の
小論文の入試問題を
解く

ここまでで小論文の入試問題を解くために必要な姿勢についてお話ししました。

小論文の設問は、形式も内容もさまざまです。

その意味で、小論文には唯一の解法が存在しません。

ただし、本書で説明してきた姿勢を応用することで、

多様な設問に対応することは可能です。

本章では、その応用の仕方についてお話しします。

この章の目標

☑ 多様なパターンの問題を知る
☑ 本書の考え方を応用する

どんなタイプの問題が出題されるのか？

テーマを確認する

　小論文の設問のテーマは多様です。ざっくり分けると、以下の通りです。

　● 人文科学系
　● 社会科学系
　● 自然科学系

　これをもう少し細かく分けると次のようになります。

　● 人文科学系（文学、哲学、歴史学、社会学などで扱うテーマ）
　● 教育系（教育学で扱うテーマ）
　● 社会科学系（法学、政治学、経済学、経営学などで扱うテーマ）
　● 医学・医療系
　● 自然科学系

　人文科学系は第１〜５章で扱ってきたので、ここでは取り上げません。また、自然科学系も少々特殊な問題が多いため取り上げません。

　本章では残りの教育系、社会科学系、医学・医療系テーマの設問について、答案例とその評価（「採点者のコメント」）をご紹介します。

　採点者のコメントは、僕のものではないととらえてください。あくまで一般的にこのような評価をされるという設定です。また答案は、すべてがA評価ではありません。どのような評価か、考えながら読んでください。採点者のコメントに対しては、僕の意見をその後に述べています。採点者によって見るポイントが違うこともわかっていただけると思います。

[設問] 次の文章を読んで、後の問に答えなさい

（奈良教育大学　教育学部　後期改）

　私の中にある「学び」のイメージは、何か一つのことでわかるとか、一つの中心に向かっていくという感じではありません。

「多様性の森」をつくっていく。これが私にとっての「学び」の根本的なイメージです。一番いいものを一つだけ求めて、「あとは知らない」という生き方ではないのです。

　生物の世界では多種多様な生物がいる方がいい。それと同じように学びの世界においても多様性がある方がいいと思います。

　たとえば、宗教について学ぶなら、仏教のこともわかるし、キリスト教もイスラム教もわかるという具合にです。

　つまり、自分としてはこれがいいという好みはあっても、ほかのものに対しても理解がある。しかも、それらは自分の心の中に多様性の一部として存在しているというイメージです。

〈中略〉

　つまり、「他者性」を自分の中にどれだけ多く取り込むか。それが「学ぶ」ことの非常に重要な要素であると思います。

　単に自己を反復するのであれば、学ぶ必要はありません。「自分は正しい。自分は天才だ」と自己暗示をかければいい。しかし、それで十分でしょうか。

　やはりそうではなく、本を読んだり人の話を聞いたりすることによって、「そういう考え方もあるんだ。いままではこう考えていたけれど間違っていた」などという自己否定も含めて、自己を拡大したり深化したりすることが必要です。

　そうすれば、他者が自分の中に住み着くような感じがしてきます。すると、たとえば「ニーチェだったら、こう言うのではないか」などというように、自分の中で他者が思考することもできるようになります。

　人は学ぶと、その対象から自然に影響を受けるものです。

出典：齊藤孝『人はなぜ学ばなければならないのか』（一部改変）

補　さまざまな種類の小論文の入試問題を解く

問　筆者の学びのイメージに対するあなた自身の考えを述べなさい。

答案例

　一つのことだけを求めてあとは知らないという態度よりも、多様性のなかでの学びが重要であると筆者は述べているが、私も同様に考えている。私は日本史が好きだが、日本国内だけでの歴史的事実を知るよりも、世界の中での日本のその時の状況を理解する方が面白いからだ。たとえば、豊臣秀吉は朝鮮半島に二度の出兵を行っているということを知るわけだが、秀吉は日本国内を平定したので、新たな領土を求めて朝鮮半島や中国大陸に侵略をしたという理解で止まってしまう。しかし、世界史を学ぶと、当時は大航海時代で、スペインやポルトガルが世界中の国々を植民地化しようと企んでいたことがわかる。とすると、日本を含むアジアへの侵略が進んでしまうことを防ぐために、先に日本が明国を侵略して、列強の進出を防ぐべきと考えても不思議ではない。もちろんこれは推測でしかないが、このように多様な学びは、多様な考え方を私に提供してくれるわけだ。

　ただし、一つのことだけを求めることが悪いとも言えないのではないか。偉人伝で知っている高明な科学者や芸術家などのほとんどは、生涯を一つのことに捧げているように思えるからだ。このように考えると、一つのことを求める人も、多様な学びをする人も両方いてよいのだと思うし、そういう２種類の学びをする人がバランスよく存在することが望ましいし、そのほうが学問の発展につながるのではないだろうか。

評価　B-

課題文の読解　△

具体例の提示　○

　筆者がよしとしている学びのあり方に賛同し、自身の具体的な体験をもとに多様な学びの面白さを示すことができている。課題文を理解し、具体的に考えるという小論文の基本ができていると言えよう。その意味で一定の評価はできる。

　ただし、一つのことだけを求める学びと多様な学びの両方が大切という安直な結論で終わってしまっているのが残念である。これは課題文の前半のみに目を向け、後半で言及されていることを無視してしまったからではないか。後半では、他者の思考を取り入れることを述べているわけだが、そこをふまえると答案の2段落目が安直であることに気がつくはずである。偉大な先人たちは本当に障害を一つのことだけにささげたのだろうか。もしかしたら、別の学びから大きな影響を受けているのかもしれないだろう。そうすると、一つのことだけを学んでいるように見える人も、多様な学びからヒントを得ているのではないかということを示し、一貫して多様な考えの素晴らしさを主張すべきだったのではないだろうか。

答案例と評価を読んで考える

　コメントで書かれているように、課題文の理解が不十分です。

　課題文の後半を読まず、前半の内容のみで語り始めてしまい、そのまま終わってしまっています。したがって、課題文の読解は△となります。

　ただし、具体例は適切なものであり、多様な学び、他者性を取り込むということに対応できています。ゆえに、具体例の提示は〇ということでよいでしょう。

　また、これもコメントにあるように、2段落は、安直な「2つのバランスが大切」というまとめになってしまっています。これが原因で、評価はBのマイナスがついています。

　課題文をきちんと読解することは、とても重要です。

　この課題文では、前半の多様な学びを他者の思考を取り込むことだと説

明を加えています。たんに、いろいろなことを学ぶだけではなく、そのことで、他人の考え方を取り入れ自身の考えに活かすことが大切なのだということを、しっかりと理解しなければいけません。

この答案であれば、日本史と世界史を学ぶことで新しい解釈をすることができることが示されていますが、さらに説明するならば、いろいろな人の解釈を理解することで、自身の解釈を常にアップロードできるのだと述べることも可能でしょう。

コメントも、他者の考えを取り込んで一つのことをより追究できるというメリットを取り上げ、多様な学びの有効性を訴えるべきだと指導したのでしょう。

教育系の小論文で求められるのは

教育系の小論文では、「学び」「教える」「育てる」「教師のあり方」「学校教育のあり方」「学校の問題」「社会と学校」などのテーマの課題文が出題されます。教師になりたい人が受験することが前提のため、このようなテーマの問題が出題されるわけです。

市販のキーワード集レベルの教育関連の知識はおさえておくといいでしょう。拙著『採点者の心をつかむ　合格する小論文のネタ［人文・教育編］』（かんき出版）には、教育関連に使えるキーワードだけでなく、どのような問題意識を持って答案を書けばよいかというヒントを掲載しています。

読みながら用語を覚えるというコンセプトで執筆しましたから、もしよかったらみなさんの学びに役立ててください。

また、みなさんがこれまで受けてきた学校教育について、具体的に思い出しておくこともプラスとなります。

今回の答案例でも、「多様な学びの有効性」といったいわゆる探究型授業について言及していました。こうした学びの経験があれば、そのことについてポイントを書き出しておくと、本番のテストで具体例を出しやすく

なるはずです。

　もちろん筆者が言うような「学びのイメージ」がない受験生もいるかもしれません。そうであるなら、「わかること」をめざした教育だけを受けてきた自分のこれまでの体験をとらえ直して論ずることができます。その弊害を、この課題文のテーマに沿って書くのです。そうすれば、どのような学びが望ましいのか、説得力を持って書くことができるはずです。**経験がなければ、「経験がないこと」を具体例とすればいい**のです。

　まとめましょう。以下が教育系の小論文に必要な姿勢です。

●学校教育（それ以外の教育も）への関心と知識を身につける。
●これまでの学校教育の体験をとらえ直しておく。

　誰しも教育を受けた経験があります。ですから必ず具体的な経験を書くことができるはずです。あとは適切な具体例をさっと出せるように、準備するだけです。

[設問] 次の文章を読んで、後の問に答えなさい。

（甲南大学　マネジメント創造学部　前期改）

　次の文章は、吉川洋著『人口と日本経済　長寿、イノベーション、経済成長』（第2章「人口減少と日本経済」）からの抜粋である。文章を読み、問に答えよ。

　人口減少は21世紀の日本にとりまさに大問題だが、それは経済の「成長」に一体どのような影響を与えるのだろうか。

　人口が減る、ということは働き手の数が減っていくということだ。したがって、これからの日本経済はよくてゼロ成長、おそらくはマイナス成長を覚悟しなければならない。こう考えている人が多いのではないだろうか。「右肩上がり」の経済の時代は終わり、これからは「右肩下がり」の時代が始まる。こうしたフレーズをよく目にする。実際、企業の経営者は「人口減少の続く日本国内で設備投資をする気にはなれない」と言う。

　働く人の数が減れば、つくられるモノの量も減るに違いない。これは分かりやすい理屈であり、否定すべくもない「鉄壁の論理」であるように思われるかもしれない。しかしこの議論には、実は大きな論理の飛躍があるのである。一国で1年間につくり出されるすべてのモノやサービスの価値（正確には「付加価値」）の総計を表すのがＧＤＰ（国内総生産）だが、その成長率は、決して働き手（労働力人口）の増加率だけで決まるものではない。

　百聞は一見に如かず。明治の初めから今日まで150年間、経済成長と人口はほとんど関係ない、と言ってよいほどに両者は乖離している。

　経済成長率と人口の伸び率の差、これが「労働生産性」の成長にほかならない。労働生産性の伸びは、おおむね「1人当たりの所得」の成長に相当する。労働力人口が変わらなくても（あるいは少し減っても）、1人当たりの労働者がつくり出すモノが増えれば（すなわち労働生産性が上昇す

れば)、経済成長率はプラスになる。

「労働生産性」というと、それを労働者の「やる気」といったものとしてイメージする人が多い。

一人ひとりが頑張ればプラス成長は可能だという理屈は分かるが、それにも限界があるだろう。やはり労働力人口が減少すればせいぜいゼロ成長がよいところに違いない、という声もよく耳にする。

「労働生産性」を労働者の「体力」や「敏捷性」と同一視する人もいる。そうした前提に立って、日本は高齢化社会を迎えるのだから労働生産性は伸びるどころか低下するだろう、という議論がなされる。確かに高齢者は体力や敏捷さで20代、30代の人にかなわない。しかし労働生産性の実体は、労働者のやる気や体力ではない。もちろん発展途上国などで国民の「健康」に大きな問題がある場合や、政情が不安定化した国や労使関係が悪化した企業で労働者の「やる気」が著しく低下すれば、労働生産性は低下する。しかし、逆は真ならず。

一国の経済全体で労働生産性の上昇をもたらす最大の要因は、新しい設備や機械を投入する「資本蓄積」と、広い意味での「技術進歩」、すなわち「イノベーション」である。

労働力人口の推移と経済成長を固く結びつけて考える人のイメージは、おそらく労働者が1人1本ずつシャベルやツルハシを持って道路工事をしているような姿なのではないだろうか。そうした経済では、働き手の数が減ればアウトプット(生産物)は必然的に減らざるをえない。しかし先進国における経済成長は、労働者がシャベルやツルハシを持って工事をしていたところにブルドーザーが登場するようなものなのだ。こうして労働生産性は上昇する。ひょっとすると、それまで100人でやっていた工事が5人でできるようになるかもしれない。それをもたらすものがイノベーションと資本蓄積(ブルドーザーという機械が発明され、実際にそれが建設会社によって工事現場に投入されること)である。

こうしたたとえが決して夢物語でないことは、駅の自動改札を思い出せばすぐに理解できるはずだ。ひと昔前、1980年代中頃までは、東京駅でも人が改札業務をやっていた。自動改札機の導入により労働生産性は飛躍的に上昇した。もちろんそのためには自動改札機が発明され、鉄道会社の「設

備投資」によりそうした機械が実際に駅に設置されなければならない。

　ここで「イノベーション」、あるいは「技術進歩」についても少し注釈を加えておく必要がある。特に「技術進歩」というと、とかく理工系の科学者・技術者の手になるハードな「技術」、テクノロジーを思い浮かべがちだ。もとよりそうしたハードな「技術」は、経済成長に貢献する「技術進歩」において大きな役割を果たしている。その重要性はあらためて指摘するまでもないだろう。注意しなければならないのは、経済における「技術進歩」はハードな「技術」の進歩だけではない、ということである。ハードな技術と並んで、いや場合によってはそれ以上に、ノウハウや経営力などソフトな「技術」が重要なのである。

　今や文字どおり世界を席巻したスターバックスのコーヒーそのものに、特別優れたハードな「技術」があるとは思えない。成功の秘密は、日本では「喫茶店」、ヨーロッパで「カフェ」といってきた店舗空間についての新しい「コンセプト」、「マニュアル」、そして「ブランド」といった総合的なソフト・パワーにある。それが国際競争力を持ち付加価値を生むのだから、スターバックスの誕生はまさに「技術進歩」、イノベーションなのである。

問　日本における「技術革新」の必要性について、あなたの考えを600字以内で述べなさい。

 答案例を見てみよう！

答案例

　経済成長は、働き手の増加率、つまり人口とはほとんど関係ない。技術進歩による労働生産性の成長こそが、経済を成長させると筆者は述べている。たしかに、新しい技術が生まれれば、これまでの仕事は合理化され、小さな労働力でまかなうことができるし、新しい仕事が生じるため、経済成長につながるというのはよくわかる。しかし日本では、その技術進歩による労働生産性の向上が生じていないのではないだろうか。

バブル経済がはじけて以来、日本の労働者の賃金は、ほぼ上昇していない。ＧＤＰも、ほぼ成長していないといわれている。私が生まれてから20年弱が過ぎたが、課題文中にあった自動改札機のような技術革新は、ほぼ味わったことがなく、コンビニやスーパーのレジも、ほぼ何の変化もない。セルフレジが少し増えたくらいだが、それほど労働生産性が向上しているとも思えない。最も大きな技術革新と思われる、ｉＰhoneなどスマートフォンに関しても、その技術は日本ではなく中国や台湾に奪われてしまっているそうだ。実感としても、日本が経済成長していないということがよくわかるのだ。

　日本は少子化・高齢化が進み、今後も人口だけでなく、労働人口は大きく減少していく一方であるから、このままでは経済成長など見込めないと思っていた。しかし実は、技術進歩による労働生産性の成長がなければ、今後の経済成長は見込めないのだということに気がつかなければならないのである。

評価　B

課題文の読解　　○

具体例の提示　　△

採点者のコメント

　経済成長は人口とは関係なく、技術進歩による労働生産性の向上が経済を成長させるということを示している。これは課題文を理解していると言ってよいだろう。そして、その理解に応じた、技術革新による労働生産性の話を具体的にしようとしているため、「課題文の読解」は、高く評価できる。

　技術革新も労働生産性の向上もない状況を、具体的に述べることができているのは評価できるが、結局「日本は技術革新によって労働生産性を向上させることができることに気づかなければならない」というおおまかな提言で終わっているのが残念。「具体例の提示」に関しては、採点者によって評価が下がる可能性もある。

さまざまな種類の
小論文の入試問題を解く

日本では今後、どういった技術革新が必要で、どのように労働生産性を向上させていくべきなのかを具体的に論じていくことができれば、さらに高い評価を得ることができるだろう。

答案例と評価を読んで考える

　採点者のコメントで指摘されている通り、課題文を理解して具体例を提示し、考察を進めるといった、小論文の基本的な書き方をマスターしていることがわかります。この形であればどんな大学であっても、一定の評価を得ることは可能です。

　第1段落での課題文のまとめから、第2段落の課題文に応じた具体的な考察で、「課題文の読解」は〇になります。また具体例は出しているのですが、「自分が体験したことのなかで、筆者の問題意識を検討する」までは掘り下げられていないため、「具体例の提示」は△となります。

　まとめの段落も主語が「日本は〜」で始まっているように、日本社会全体への提言という大まかな話となっています。残念なポイントです。この問題に限らず、「日本は〜」「世界は〜」「人類は〜」といった大きなスローガンを使いたくなったら要注意です。これらの大きな主語で書かれた文章は、意見を述べている感じだけはするのですが、実際にはほぼ何も述べられていないことが多いからです。

　では、どうすれば、もっと高い評価を得られる答案になるでしょうか？採点者のコメントでは、技術革新の具体例や、労働生産性の向上方法などを示すべきだと指導しています。しかし、そのような例は簡単に出せるものではありません。僕は答案の第2段落にある、コンビニやスーパー、iPhone、スマホといった具体例で論じていくとよいと思います。

　コンビニやスーパーなどの販売店では、レジを廃止し、ユニクロのようなセルフレジに変更していくことで、人件費を抑えています。iPhoneなどスマホを利用する人をもっと増やし、現金利用を減らしたり、さまざま

な取引をアプリですることで、実店舗を減らしたりする。第2段落の具体例から、このように展開していくとよいのではないでしょうか。

社会科学系の小論文で求められるのは

社会科学系の小論文では、法学、政治学、経済学、経営学などの社会科学の学問をテーマとした課題文が提示されます。

このような文章はそれ自体が難しいことが多いです。答案にも課題文で出されたものと類似の具体例を提示することが求められます。拙著『**採点者の心をつかむ　合格する小論文のネタ ［社会科学編］**』（かんき出版）では、このような社会科学の原理原則を具体例を交えながら解説しています。ざっと読んで、基本的なキーワードと具体例を一緒におさえておきましょう。

またふだんから、気になるキーワードはその背景や歴史について調べるくせをつけておきましょう。新聞やニュースで話題になっていることは、キーワードだけでも大丈夫です。さっと調べておくといいですね。

まとめましょう。以下が社会科学系の小論文に必要な姿勢です。

- 社会科学の基本的なキーワードを知る
- 普段の生活で、キーワードを検索するくせをつける

今回の問題文の中にも、いくつも「　」でくくられた社会科学系のワードがあります。すぐに理解できないキーワードがあったら、調べておきましょう。

医学・医療系

［設問］　次の文章を読んで、後の問に答えなさい。

（青森県立保健大学　健康科学部　前期改）

　私は当時、ホスピスといっても病院と同じだろうと想像していたのですが、そこはまるで普通の家のようでした。なかに入ると広いラウンジになっていて、折しも数人の方がお茶を飲んでおられました。案内してくださったナースが、「こちらに背を向けて深く腰をかけている人がここの患者さんです。彼は数日前に医師から、そろそろ会いたい人に会っておいたほうがいいと言われて、今日は最後のお茶会をしているのよ」と説明してくださいました。

　私はその言葉にとてもショックを受けました。予後が数日あるいは一週間以内という人が、皆と一緒にお茶を飲んでいる。当時、私の務めていた大学病院では、予後が数日なんていう人はベッドから動くどころか、意識があるかないかわからないような状況で、寝たきりでした。そういう患者さんたちばかり見ていたので、非常に衝撃を受けて、ナースに聞きました。「どうして予後数日の方がああいう状態でいられるんですか」と。すると、「彼もひと月前にここへ来たときには痛みでとても大変だったんですよ。でも、幸いモルヒネが効いて痛みが緩和したので、その後はシャワーを浴びることもできるようになったし、他の患者さんたちともお話できるようになって、こうして最後のお茶会もできるようになったの」と説明してくれました。

　私はそのときに、固くかたく心に誓ったことがあります。同じ人間として生まれて、がんになるのは仕方がないとしても、人生の最後の日々に苦痛から解放されて、その人らしく、人間らしく過ごせるなんていうことが本当にできるのだ。アメリカでできるのなら、日本だってできるはずだ。これからはそれに挑戦してみよう、その挑戦は医療者としてなんと価値のあることか、と。そういうふうに思ったわけです。

　そのとき以来、今もずっと変わらない目標は、「ペイシェントからパーソンへの挑戦」というものです。

（出典：日野原重明編著『19歳の君へ──人が生き、死ぬということ』株式会社春秋社、2008年、pp.64-65より抜粋。ただし、出題の都合上、縦書きの原文を横書きにし、文章の一部を改変している。）

問　患者に最後の時をどのように過ごさせたいと思っているのか、筆者の考えをふまえて、あなたの考えを600字以内で述べなさい。

答案例

「ペイシェントからパーソンへの挑戦」とあるが、終末期にある人が治療対象の患者としてではなく、日常生活をする人間として最期を迎えることが重要で、それを可能にする医療を目指すべきだと、筆者は考えたのだろう。もちろん、どの様な最期を迎えるのかは、個々人が決定することであるし、どれがよい最期なのかを決めることはできない。しかし、現代においては、病院で治療を続け、苦痛の中で亡くなっていく人が多いのは事実であり、もっと人間らしく、日常の中で死んでいきたいと考えている人も多いはずだ。その意味では、筆者の考えに賛同できる部分は大きい。

私の祖父は、末期癌と診断されて、数ヶ月後に病院で亡くなったが、意識を失う直前まで、家に帰って死んでいくことを望んでいた。祖父も、課題文に出てくるホスピスの患者と同様、普段の生活の中で、最後の時間を過ごしたかったのではないだろうか。私は、患者が望む最期を送らせてあげることが最も望ましいと考えるが、少なくともひとりの人間として、できうる限りの日常を取り戻すことが重要だと考える。

そのためにはまず、疼痛緩和と症状の安定といったケアが必要である。体調が整ってこそ日常を取り戻すことができるからだ。また、家族や医療者、介護者によるケアが整っていなければなるまい。どのような場所でも、そうした環境を整え、患者が安心して最期を迎えることができるようにすることこそが「ペイシェントからパーソンへの挑戦」なのである。

採点者のコメント

　日常生活のなかで最期を迎えることが重要であるという、筆者の見解をふまえ、自分の祖父の死について具体的に考察している。その意味で、十分評価できる答案であるといえよう。

　また後半で、日常のなかでの最期を可能にする環境についても指摘できている。これは、筆者の言うところの「ペイシェントからパーソンへの挑戦」に関しての言及であり、あなたなりの考えをさらに深めたものとなっている。非常に高く評価できる。

　ほぼ問題のない答案であるが、あえて欲張るならば、祖父の具体例のなかで、全体を論じることができれば、さらによかったのではないかと思う。

答案例と評価を読んで考える

　採点者のコメントで指摘されている通り、高く評価される答案です。第1、2段落で、「課題文の読解」「具体例の提示」ともに○でよいと思います。

　さらに第3段落で、自分なりの（最後の時をどのように過ごさせるかについての）見解を深めることができているのが、評価されたポイントです。結果、○○＋αで、A＋の評価をしています。

　これで十分な答案ですが、コメントにもあったように祖父の具体例のなかで考えられたとしたらさらに評価は上がります。解答者の祖父にはどのような「日常的な最期の場」が必要だったのかを述べるとよかったかもしれません。まあ欲ばりすぎですかね。

医学系の小論文で求められるのは

医学・医療系の小論文のテーマは、「医学・医療の原理」「医療の現場」「医療倫理」「医療制度」など多岐にわたります。キーワードで見てみても、「慢性疾患」「インフォームド・コンセント」「キュアとケア」「SOL と QOL」「先端医療」「終末期医療」「地域包括ケアシステム」など、知っておくべきことは多くあります。

どのような設問であっても、具体的な場面や問題をイメージすることが大切です。そしてキーワードは単に暗記するのではなく、文脈の中で使えるようにしましょう。

参考になるのは医学部で準教科書的に使用されている、小橋元（他）編『学生のための医療概論』（医学書院）です。拙著『採点者の心をつかむ合格する小論文のネタ［医歯薬／看護・医療編］』（かんき出版）もお役に立つと思います。

まとめましょう。以下が医学・医療系の小論文に必要な姿勢です。

- ●医学系で出題されるテーマやキーワードを知る
- ●医学・医療の具体的な場面や問題に関心を持つ

キーワードを暗記するのではなく、キーワードを理解することが大切です。

さまざまな形式の設問を解く

要約問題

次の文章を読んで、問いに答えなさい。

（宮崎県立看護大学　看護学部　後期改）

　高校生ぐらいまでは、フィーリング共有性の高い、同世代で自分と同質の小さな集団のなかで自己完結し、そこで閉鎖的な仲間集団を作って生活していることが多いと思います。

　しかし、学校を卒業してやがて社会に出れば、自分たちと同じ属性を帯びる集団以外の、さまざまな世代や違う価値観をもった人たち、違う地方や、場合によっては外国からきた人たちなどと出会い、関係を作っていかなくてはなりません。

　気が合うか合わないかというフィーリングの共有というよりは、役割を分担しながら一緒に仕事をして業績を上げることが第一に重要になる「社会的な関係」にはいると、フィーリングの合う人とだけ付き合うというわけにはいきません。だからそれまでに、自分のなかに異質なものを取り込めるようなある種の構えというものが、自分の中にどうしても必要になってくるのです。

　となると、やはり単に「こいつは俺と同じだ」という同質性だけに頼って友だちをつなげていくような親密な関係の作り方だけをしていると、いきなり社会に出たときにどうしても戸惑いが大きくなります。

　異質なものをさまざまに取り込む力がないと、つながりを保てなかったり、異質な他者との交流といううま味も、味わえなかったりします。

　やはり、関係の作り方のポイントとして、異質性、あるいは他者性というようなものを少しずつ意識して、それを通してある種の親しさみたいなものを味わっていくトレーニングを少しずつ心がけていくことが大切で

す。最初からというのは無理かもしれないけれど、少しずつ慣れていくのです。

　さらにいえば、フィーリング共有性を重視してつながった関係の友だちでも、やはりその中にもフィーリングの違いが出てくることがあると思います。でもそれはそれとして、また違った形でフィーリングのつなぎ方をより深めていくきっかけとしてお互い認め合うべきです。ちょっとでも違うと、「あ、この人違う」となって、関係を保つ努力を放棄していては、人と関係を作る力もつきません。ある程度辛抱強さがないと、どのみち人づきあいはうまくいかないものなのです。

　人との関係を作っていきたい、つながりたいという積極的な思いが一方であり、でもやっぱり傷つくのはいやだといった消極的な恐れ感情もある、それが人間です。私の印象では、若い世代であればあるほど、傷つきやすさというものを内面的に持っている人が増えているのかなあ、という気がしています。

「傷つきやすい私」が増えているように思うのです。

「人とつながりたい私」と、でも「傷つくのはいやだという私」という一見すると矛盾した自我のあり方と、自分自身でどう折り合っていけばいいのでしょうか。やはり基本的には、この人は自分にとって「信頼できる他者」だ、と思える人を見つけるということが絶対必要になると思います。

　しかしその場合、信頼できる「私と同じ人」を探すというよりは、信頼できる「他者」を見つけるという感覚が大事です。

　どういうことかというと、信頼はできるかもしれないけれど、他者なのだから、決して自分のことを丸ごとすべて受け入れてくれるわけではないということを、しっかり理解しておこうということなのです。

　さて、この点をもう一度確認しておきましょう。「自分のことを百パーセント丸ごと受け入れてくれる人がこの世の中のどこかにいて、いつかきっと出会えるはずだ」という考えは、はっきり言って幻想です。

「自分というものをすべて受け入れてくれる友だち」というのは幻想なんだという、どこか醒めた意識は必要です。でもそれは他者に対して不信感を持つことと決してイコールではないということは、ここまで読んでくれた皆さんになら、きっと理解していただけるはずですね。

価値観が百パーセント共有できるのだとしたら、それはもはや他者ではありません。自分そのものか何か、自分の〈分身〉か何かです。思っていることや感じていることが百パーセントぴったり一致していると思って向き合っているのは、相手ではなく自分の作った幻想にすぎないのかもしれません。つまり相手の個人的な人格をまったく見ていないことになるのかもしれないのです。

　きちんと向き合えていない以上、関係もある程度以上には深まっていかないし、「付き合っていても、何かさびしい」と感じるのも無理もないことです。

　過剰な期待を持つのはやめて、人はどんなに親しくなっても他者なんだということを意識した上での信頼感のようなものを作っていかなくてはならないのです。…中略…

　要は、親友にしても、恋人にしても、まるごとすべてを受け入れてくれてるわけではないんだけれども、自分のことをしっかり理解しようとしてくれている人と出会う——そういうレベルで、私たちは他者を求め、しっかりと向き合って関係を深めていけることが、現実世界で〈生のあじわい〉を深めていくためには必要なことなのです。

（菅野仁著『友だち幻想』ちくまプリマー新書）ただし、原文よりルビ・傍点・題は外しています。

問　この文章を300字以内で要約しなさい。

要約問題は、基本的に単体で出題されることはありません。論述問題と組み合わせて問われることがほとんどです。つまり、問1で要約し、問2で見解論述を行う、という流れです。

　まずは、この文章の内容を整理しましょう。以下の【　】で示した部分がこの文章の大まかな流れです。この流れをとらえることが重要です。小論文では、文章の細かい論理を問うよりも、大まかな流れをつかむことを求められることが多いからです。

【高校生までの人間関係】

◉ 高校生くらいまでは、自分と同質の仲間と、閉鎖的な集団を作って生活している。

◉ しかし、社会に出れば違う属性を持った人たちと関係を作っていかなければならない。

【社会における人間関係】

◉ 社会的な関係においては、自分のなかに異質なものを取り込める構えが必要になる。

◉ 異質なものを取り込む力がないと、社会に出たとき、戸惑い、異質な他者との交流のうま味も味わえない。

◉ 異質性、他者性を意識し、親しさを味わうことに慣れていくべきだ。

◉ フィーリングを共有している友だちでも、フィーリングの違いを、お互い認め合うべきだ。

【矛盾した自我と信頼できる他者】

◉ つながりたいという思いが一方であり、やはり傷つくのはいやだという感情もある。

◉ 若い世代ほど「傷つきやすい私」が増えている。

◉ この矛盾した自我のあり方と、折り合いをつけるためには、信頼できる他者と思える人を見つけることが必要。

◉ 私と同じ人を探すというよりも、信頼できる他者を見つけるという感覚

が大事。

● 信頼できるけれど、自分を全部受け入れてくれるわけではないと理解しておくべき。

【幻想としての他者】

● 自分のことを百パーセント受け入れてくれる人に出会えるはずという考えは幻想。

● しかしそれは、他者に不信感を持つこととイコールではない。

● 価値観が百パーセント共有できるのは、他者ではなく、自分自身か自分自身の分身であり、自分の作った幻想かもしれないし、個別的な人格をまったく見ていないことになるかもしれない。

● きちんと向き合えていないので、付き合っていても何かさびしいと感じる。

【他者との信頼関係】

● 人はどんなに親しくなっても他者なんだということを意識した上での信頼感が必要。

● 自分のことをしっかりと理解しようとしてくれる人と出会い、しっかり向き合って関係を深めていけることが、現実世界で生のあじわいを深めていくためには必要なことだ。

　以上をつなげば、この文章の要約になります。しかし、単純につなげると全部で600字くらいです。これを300字にまとめます。そのためには【　】の部分、つまり、

【高校生までの人間関係】
【社会における人間関係】
【矛盾した自我と信頼できる他者】
【幻想としての他者】
【他者との信頼関係】

　の大まかな流れをおさえてつなげます。

その上で、箇条書きの中のいくつかを抜き出して盛り込みます。たとえば、以下のような下線部の抜き出しが可能です。

【高校生までの人間関係】
◉ 高校生くらいまでは、<u>自分と同質の仲間と、閉鎖的な集団を作って生活している</u>。
◉ しかし、<u>社会に出れば違う属性を持った人たちと関係を作っていかなければならない</u>。

【社会における人間関係】
◉ 社会的な関係においては、<u>自分のなかに異質なものを取り込める構えが必要</u>になる。
◉ 異質なものを取り込む力がないと、社会に出たとき、戸惑い、異質な他者との交流のうま味も味わえない。
◉ 異質性、他者性を意識し、親しさを味わうことに慣れていくべきだ。
◉ フィーリングを共有している友だちでも、フィーリングの違いを、お互い認め合うべきだ。

【矛盾した自我と信頼できる他者】
◉ <u>つながりたいという思いが一方であり、やはり傷つくのはいやだという感情もある</u>。
◉ 若い世代ほど「傷つきやすい私」が増えている。
◉ <u>この矛盾した自我のあり方と、折り合いをつけるためには、信頼できる他者と思える人を見つけることが必要</u>。
◉ 私と同じ人を探すというよりも、信頼できる他者を見つけるという感覚が大事。
◉ 信頼できるけれど、自分を全部受け入れてくれるわけではないと理解しておくべき。

【幻想としての他者】
◉ 自分のことを百パーセント受け入れてくれる人に出会えるはずという考

えは幻想。

- しかしそれは、他者に不信感を持つこととイコールではない。
- 価値観が百パーセント共有できるのは、他者ではなく、自分自身か自分自身の分身であり、自分の作った幻想かもしれないし、個別的な人格をまったく見ていないことになるかもしれない。
- きちんと向き合えていないので、付き合っていても何かさびしいと感じる。

【他者との信頼関係】

- 人はどんなに親しくなっても他者なんだということを意識した上での信頼感が必要。
- 自分のことをしっかりと理解しようとしてくれる人と出会い、しっかり向き合って関係を深めていけることが、現実世界で生のあじわいを深めていくためには必要なことだ。

では抜き出して、つないでみましょう。

　高校生くらいまでは、自分と同質の仲間と、閉鎖的な集団を作って生活しているが、社会に出れば違う属性を持った人たちと関係を作っていかなければならないので、社会的な関係においては、自分のなかに異質なものを取り込める構えが必要になる。人には、つながりたいという思いが一方であり、やはり傷つくのはいやだという矛盾した感情があるが、この矛盾した自我のあり方と、折り合いをつけるためには、信頼できる他者と思える人を見つけることが必要。自分のことを百パーセント受け入れてくれる人に出会えるはずという考えは幻想なので、人はどんなに親しくなっても他者なんだということを意識した上での信頼感が必要で、自分のことをしっかりと理解しようとしてくれる人と出会い、しっかり向き合って関係を深めていけることが、現実世界で生のあじわいを深めていくためには必要なことだ。

　答案として成立しそうです。しかし、まだ350字超。削ってみましょう。

高校生くらいまでは、自分と同質の仲間と━閉鎖的な集団を作って生活しているが、社会ではに出れば違う属性を持った人たちと関係を作っていかなければならないので、社会的な関係においては、━自分のなかに異質なものを取り込める構えが必要になる。人には、つながりたいという思いと同時にが━方であり、やはり傷つくのはいやだという矛盾した感情があるが、この矛盾した自我のあり方と━折り合いをつけるためには、信頼できる他者と思える人を見つける━ことが必要べきだ。つまり、自分のことを百パーセント受け入れてくれる人に出会えるはずという考えは幻想なので、人はどんなに親しくなっても他者なんだということを意識した上での信頼感が必要なのである。だし、自分のことをしっかりと理解しようとしてくれる人と出会い、しっかり向き合って関係を深めていけることが、現実世界で生のあじわいを深めていくためには必要なことだ。

　まとめたものが以下です。270字くらいです。

　高校生くらいまでは、自分と同質の仲間と、閉鎖的な集団を作って生活しているが、社会では違う属性を持った人たちと関係を作っていかなければならないので、自分のなかに異質なものを取り込める構えが必要になる。人には、つながりたいという思いと同時に傷つくのはいやだという矛盾した感情があるが、この矛盾した自我と折り合いをつけるためには、信頼できる他者と思える人を見つけるべきだ。つまり、自分のことを百パーセント受け入れてくれる人に出会えるはずという考えは幻想なので、人はどんなに親しくなっても他者なんだということを意識した上での信頼感が必要なのである。

　後半がちょっとわかりにくいですね。下線部と波線部の内容が重複していますので、さらに整理します。

　高校生くらいまでは自分と同質の仲間と閉鎖的な集団を作って生活しているが、社会では違う属性を持った人たちと関係を作らなければならない

ので自分のなかに異質なものを取り込める構えが必要になる。人にはつながりたいという思いと同時に傷つくのはいやだという矛盾した感情があるが、この矛盾した自我と折り合いをつけるためには信頼できる他者と思える人を見つけるべきだ。つまり、自分のことを百パーセント受け入れてくれる人に出会えるはずという考えは幻想なので、どんなに親しくなっても他者だと意識した上での信頼感が重要であり、自分を理解しようとしてくれる人と出会い、関係を深めていくことで、現実世界で生のあじわいを深めていけるのだ。

ほぼ300字です。この程度まとめることができれば、ほぼ満点でしょう。

まとめます。

- 全体の大まかな流れをつかむ
- 必要な文言を抜き出す
- 意味が通じるようにつなぐ
- 字数の調整

もちろん、抜き出しではうまくいかないこともあります。しかし**原則抜き出し → 無理ならば自分の言葉で説明**、という方法で練習しましょう。

テーマ型問題

　テーマ型の小論文の設問は、見た目はやさしく見えますが、実は最も難しいと言っても過言ではありません。それは課題文という情報がないなかで答案を作成しなければならないからです。

　以上のような設問が典型的です。

　まとめたり、引用したりする「とっかかり」がありません。だから難問なのです。さあ、解答に向けて考えを進めましょう。

　このようなタイプの設問を解くためには、最低限の知識が必要です。今回は、まず、ＡＩとは何かを知る必要があります。

　ＡＩ（Artificial Intelligence）は人工知能のことです。これまで人間が行ってきた知的な作業を、コンピュータが代替できるように作られたシステムです。

　ＡＩは以前から話題になることが多いキーワードでしたが、2022年11月にアメリカの OpenAI という会社が ChatGPT を公開。瞬く間に世界中の話題を独占し、新聞などでは記事にならない日はないほどです。ここ数年で最もホットな話題と言っても過言ではありません。

　さて受験生のみなさんがＡＩと聞いて最も気になるのは、「将来の仕事が奪われる」ということではないでしょうか。コンビニの無人レジも、よく見かけるようになりましたよね。それはこれまで、人間がしていた仕事でした。近い将来、自動車の自動運転が実用化されれば、運送の仕事でも人間がいらなくなってしまうかもしれません。

　ちなみに人間にとって単純な作業が、ＡＩに取って代わられるだけでは

ありません。たとえば、弁護士や医師など、非常に高いレベルの知的作業が必要とされる職業さえも、ＡＩの方が優秀な判断を行えるようになる可能性も指摘されています。

　受験生のみなさんは、30年後、もしくは40年後は社会の中心にいるでしょう。ですから「ＡＩに仕事が奪われる」というテーマであれば、リアリティを持って論じられるはずです。

　ここでは、将来弁護士を目指す受験生という設定で、答案を作成したいと思います。まず、大まかな流れを示します。

- 将来、弁護士の仕事はＡＩに取って代わられている可能性が高い。
- ＡＩの得意な仕事がある（大量な情報から最適解を得ること）。
- 人間の得意な仕事がある（人間の感情への対応）。
- これまで人間が行ってきた仕事がＡＩに奪われていくことは避け難い。
- 人間にしかできない仕事は残っていくはずだ。
- 人間とＡＩとで仕事の棲み分けを行う必要がある。
- 棲み分けは、常に変化する。
- 今後、棲み分けを何度も繰り返し行っていくことになる。

どうでしょうか。この流れで答案を作成してみましょう。

私は将来、弁護士を目指しているが、あと20年、30年もすれば、弁護士の仕事はＡＩに取って代わられている可能性が高いのではないか。弁護士の仕事の中でも、契約書に法的な問題がないかどうかのチェック、過去の判例の分析から賠償金を決定することなどは、おそらく人間よりもＡＩの方が優秀なのではないかと考えられる。大量の情報を扱い最適解を導き出すのはＡＩが最も得意とする分野だからだ。しかし法律相談などで、相談者の話を丁寧に聴き、感情を読み取り、適切な対応をするのはまだまだ人間の方が優れているだろう。相談者もＡＩの判断よりも、人間的な判断を望むかもしれない。また、刑事事件では、情状酌量や被害者感情、市民の裁判への関心など、簡単に割り切れない要素が多い。

　こうした状況は、あらゆる仕事に生じるだろう。ＡＩができることが徐々に増えていき、これまで人間が行ってきた仕事が奪われていくことは避け難い。ただし、人間にしかできない仕事は残っていくはずで、人間とＡＩとで仕事の棲み分けを行う必要がある。その棲み分けは、常に変化するだろうから、近い将来では、そうした棲み分けを何度も繰り返し行っていくことになるのではないかと考える。

　こうしたテーマ題では、ＡＩに奪われる仕事をいくつか取り上げて終わり、という答案が頻出します。ですから、具体例は可能な限り１つとし、その場面や状況などをくわしく説明しましょう。

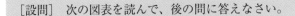

[設問]　次の図表を読んで、後の問に答えなさい。

女性の労働力率

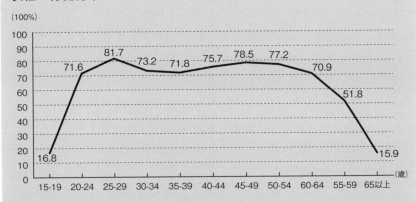

資料出所：総務省「労働力調査」(平成28年)をもとに作成

問1　図表から読み取れることを、100字以内で説明しなさい。

問2　図表から読み取ったことをふまえて、どのような問題が生じているのか、その背景と改善策を、200字以内で述べなさい。

　図表問題には、解き方があります。それを知っているかどうかで得点が大きく変わります。結論から言うと、図表に対して以下の3つのことを行います。

①客観的な読み取り
②読み取ったことから、問題とその背景を推測する
③方策の提案

まず、①です。あえて「客観的」と書きました。それは、①には自分の推測や解釈を入れてはいけないからです。ただひたすら、図表に書かれている情報を読み取ることに集中してください。

　次に②。読み取った情報から、どのような問題があるのか、どういった状況になるのかを推測します。また、その問題の背景には何があるのか、原因は何かについても推測します。

　最後に③です。背景や原因がわかれば、そこにアクションをします。そうすれば問題の解決に近づきます。

　では、改めて図表問題を見てみましょう。

　この設問では、問1が①の作業、問2が②③の作業です。では①からいきましょう。

　図表の読み取りは、

- 全体傾向や目立った特徴を読む
- 数値を読む

　以上、2点を心がけてください。
「全体傾向や目立った特徴を読む」は、この図では、以下の観点です。

- 25-29歳までの上昇傾向
- 35-39歳までの下降傾向
- 45-49歳までの上昇傾向
- 45-49歳からの下降傾向

次に、「数値を読む」です。読むべき数値は、以下です。

●25-29歳の81.7％
●35-39歳の71.8％
●45-49歳の78.5％

この2つの情報を合わせます。

問1

　女性の労働力率は、15 - 19歳から25 - 29歳まで上昇し、81．7％となる。そこから下降し、35 - 39歳では71．8％になるが、再び上昇し、45 - 49歳で78．5％となり、その後、加齢とともに下降していく。

80字程度です。無難にまとまりました。

さて、問2です。②③の作業です。②は「問題と背景の推測」です。

　この図表から推測できる問題は、35-39歳で71.8％にまで下降することです。25-29歳で81.7％にまで上昇した労働力率が10年間で10％ほど下がった点です。これは、おそらく結婚・妊娠・出産・育児などによって、女性が仕事を辞めているのではないかと推測できます。

　さらにその問題の背景には、男女の性別役割分担意識（男は仕事、女は家事・育児）、男女の生涯賃金の差（男性の方が賃金が高い）、育児休業の未整備（取得しにくい）などが考えられます。

　次は③です。方策（改善策）の提案です。
　改善策は、問題の背景（や原因）を追うこととセットです。ですから、性別役割分担意識の改善は教育、男女の生涯賃金の差や育児休業の未整備

は、法制度の制定、改正、などが挙げられます。

　以上をふまえて、答案を作成してみます。

問2

　25 - 29歳で81．7％にまで上昇した労働力率が、35 - 39歳までで71．8％にまで下降することから、結婚・妊娠・出産・育児などによって、女性が仕事を辞めているのではないかということが推測できる。さらにその問題の背景には、男女の性別役割分担意識や、男女の生涯賃金の差、育児休業の未整備などが考えられる。改善策としては、ジェンダーフリー教育の徹底、賃金格差や育児休業については、法制度の制定、改正が考えられる。

　どうでしょうか？　納得できますか？

Q&A

受験生からの質問に答える

本書の目的は、以下の通りです。

「小論文の考え方、書き方を実践的に学ぶ」

ここまで実践的な方法について学びました。

学んでいるうちに、いろいろな疑問・質問が生じたはずです。

ここでは、僕の授業を受けた受験生からの質問と、その答えを掲載します。こうした質問に接することで、みなさんの学びも深まるはずです。よく受ける質問だけを取り出しました。参考にしてください。

Question 1

要約がうまくいきません。どうすればよいでしょうか？

Answer 1

要約問題の解き方は108ページからの説明で触れましたが、少し内容を足しつつ、改めてテクニックを整理しましょう。

①形式段落に段落番号をふる
②意味段落に分ける
③意味段落ごとに、その内容をメモする

これまでもこの方法で要約問題を解いてきたかもしれません。ややこし

い文章の場合は、意味段落（意味のかたまり）に分けるのが難しいことも
あります。意味段落の内容のメモは、簡単なものがいいです。しかしそれ
だと書きにくい場合は、くわしくメモをとってもいいでしょう。

④具体例を省く
⑤繰り返し説明されている部分を確認して抜き出す
⑥キーワードを確認して抜き出す

　具体例は説明が長くなりすぎるため、原則省きます。
　原則には例外があります。具体例ばかりの課題文でうまく説明されてい
る部分がない場合は、「例外」として残すことがあるからです。

　同じような内容が繰り返されている場合、最も適切な（簡潔でわかりや
すい）部分を選択します。また、キーワードと思われる単語は、必ず答案
に入れます。

⑦抜き出した部分をつなげる
⑧字数を調整する

　ここが難しいところです。
　答案全体で意味が通じるように、抜き出した部分を並べ替え、つなぐ必
要があります。
　ちなみに字数は重要な要素です。たとえば、答案に書くべき部分が10
あったとして、字数に余裕があればすべて書き入れますが、そうでない場
合はどれを盛り込むかを判断しなければなりません。

Question 2

この本で学んだ後は、どうすればいいでしょうか？

Answer 2

　本書で、ある程度小論文の考え方、書き方を身につけたら、みなさんが受験する大学の小論文の入試問題の傾向をつかみましょう。

　もちろん身につける途中でも前でも構いません。入試問題には、さまざまな内容や形式があり、小論文という1つの名で呼ぶのはどうかと思えるほど多彩です。受験校の傾向をつかむことは重要です。

形式は、以下のように分類できます。

- 課題文 ➡ 見解論述（課題文を読んで考えを述べる）
- 課題文 ➡ 要約・説明 + 見解論述（課題文を要約・説明し、考えを述べる）
- テーマ問題（1単語〜短文のテーマについて考えを述べる）
- 図表問題（図表、もしくは図表と課題文を読み取り、考えを述べる）
- 図版問題（絵・写真・デザインなどから考えを述べる）
- 英文問題（英語の課題文を読み取り、考えを述べる）
- 教科論述型問題（一般教科の問題と要約・説明、見解論述の組み合わせ）

内容としては、以下のように分類できます。

- 人文科学系（文学、哲学、歴史学、社会学などで扱うテーマ）
- 教育系（教育学で扱うテーマ）
- 社会科学系（法学、政治学、経済学、経営学などで扱うテーマ）
- 医学・医療系
- 自然科学系

これで100％ではありませんが、ほぼ、この分類で網羅できます。

問題はこれらの組み合わせです。組み合わせることで小論文の設問パターンが多岐にわたることがわかるでしょう。

傾向をつかんだら、その大学の過去問題を解くこと、類似の傾向の問題を解くことです。ちなみに経済学部だから、必ず社会科学系の過去問題というわけではありません。必ず、志望校の出題パターンを確認したうえで、それに合った過去問で対策しましょう。

Question 3

> 起承転結で書いたほうがいいですか？

Answer 3

> 大切なのは内容です。形式は関係ありません。

「序論・本論・結論」「起承転結」で書くことが、小論文のジョーシキとされています。僕はこのジョーシキはおかしいと思っています。説明しますね。

小論文の設問パターンは多様です。ですから、答案を書く際にも、その内容や構成、字数は問題によって異なります。どの設問も同じであれば、文章の形式から学ぶのが得策でしょう。しかし、実際はそうではありません。**すべての設問に当てはまる文章の形式はない**のです。

また僕は、書くべきこと、書きたいことがあって、それをどう伝えるかという時点で初めて文章の形式が必要だと考えています。つまり、**中身ありきで形式は後からついてくる**ということです。ですから本書でも、文章の形式については触れていません。中身（書くべきこと）こそが大切だからです。

　とはいえ、まず形式に沿って書いたほうが書きやすいということであれば、それは否定しません。それを評価する先生がいることも否定しません。

　そもそもの話、小論文の解答は1つではありません。決まった解答は存在しません。小論文で評価されるのは、受験生の多様な考え方です。ですからどのように学ぶかについても、それをどう評価するのかについても、やはり多様であってよいと思います。

　本書で示した小論文の考え方、書き方は、あくまで僕の考えです。この考えに賛同してくれる受験生のみなさんは、ぜひともついてきてくだされ ばと思います。

　当然ながら、賛同できなくてもかまいません。その場合は本書を批判的にとらえて、自分に合った学びを追究してください。

Question 4

> 賛成・反対をしてはいけないのですか？

Answer 4

> 　大まかに賛成・反対をしてはいけません。課題文を雑に読んで、雑に（大まかに）賛否を訴えることはやめましょう。

　どんなことであっても、いろいろ調べたり、じっくり考えたりすることで、僕たちの考えは少しずつ変わります。考えがだんだん深まっていくと言ってもいいでしょう。小論文で「自分の考え」が求められているのは、受験生に**じっくりと考える力**があるかどうかを見たいからです。

入試ですから、考える時間はとても短い。しかしその短い時間のなかで懸命に考えようとしているかどうか。その態度こそが評価されると僕は考えています。

ですから、課題文を読んでパッと感じる賛否にすぐに飛びつかないことが大切です。賛成だ、反対だと直感的に思ったとしても、少しガマンしてじっくり考えてみてください。

ただし「賛成・反対を表明してその理由を述べる」という出題であれば別です。そのような問題の場合は、まずはしっかりと賛否を示しましょう。

Question 5

作成した答案は、どのように指導をしてもらえばよいでしょうか？

Answer 5

塾や予備校、通信添削、学校の先生に見てもらうという方法があります。

これはなかなか難しい問題です。小論文を本格的に指導している塾や予備校は少ないですし、学校の先生も小論文の指導をする余裕がない場合が多いでしょう。

適切な指導を行っている塾や予備校が見つかれば、それに越したことはありません。そこで指導を受けることをおすすめします。

塾や予備校が見つからない場合は、通信添削指導になります。今はオンラインでやりとりできる場合もあります。調べてみるとよいでしょう。

学校の先生に指導をお願いする場合は、以下の点に注意してください。何でもかんでも国語の先生にお願いすることは避けましょう。小論文の問題の内容（テーマ）によって、指導をお願いする先生を決めましょう。以下を参考にしてください。

- 人文科学系　➡　哲学テーマならば倫理の先生、歴史テーマならば日本史・世界史の先生、文学テーマならば国語の先生、社会学テーマならば政経の先生
- 社会科学系　➡　政経の先生
- 医学・医療系　➡　これはどの先生とは言い難い（あえて言うならば保健の先生かな？）
- 自然科学系　➡　理系の先生

「小論文＝国語の先生」という思い込みを外してみましょう。多くの先生に当たってみることで、よろこんで引き受けてくれる先生がきっと見つかるはずです。

Column 4

書き直しは必要？

　合格に近づく小論文を書くための練習として、書き直しはとても有効な方法です。

　書き直しは、言い換えれば「ブラッシュアップ」です。文字通り、磨きをかける作業なのです。

　書き直しをする際、作成した答案に対する評価やコメントを参考に、まずは以下のことを考えます。

①どこが問題なのか？
②どう修正すればいいか？

　たくさんの問題に手をつけてみたくなるのもわかります。もちろん、たくさん解くこと自体、とてもいいことです。

　しかし、たくさん解くと数をこなすだけになりがちです。書いた小論文を振り返らずに書きっぱなしにするなら、ブラッシュアップの機会を逸することになります。これはとてももったいないことです。

　1つの設問に対する小論文をブラッシュアップする作業、つまり「完成品」を作る作業は、**設問に対するアプローチの方法を習得できる絶好のチャンス**なのです。

　本書はここまで、A君が1つの設問に対して小論文を書き、それを書き直しをする体で進めてきました。書き直しが合格に近づくための小論文として効果的だと思っているからこそ、この執筆スタイルをとりました。

　実際に、A君のような受験生も多くいます。ぜひ、書き直しをすることで、合格に限りなく近づいてください。

補
さまざまな種類の
小論文入試問題を解く

おわりに

　本書は『採点者の心をつかむ　合格する小論文』の実践編です。

　実際に小論文の答案を作成する際の、思考の動きやその変化を、できるだけていねいに再現してみたつもりです。擬似体験できたでしょうか？

　もちろん頭のなかの動きは、個人個人で異なります。しかし、本書で僕が示した思考の道筋は、決してムダにはなりません。僕が示した道筋をたどってみたことで、気づいたことがきっとあるはずです。

　今後はぜひ、みなさんなりの頭のなかの動きを作ってみてください。もう一度、本書を読み返し自分なりの道を探るのもいいですし、本書を参考にしながら実際の小論文の問題にチャレンジしてもいいでしょう。その意味で本書は、みなさんがどう使うかによってその価値が決まるのかなと思います。

　自分で言うのはおこがましいのですが、本書のコンセプトは結構新しいものだと思います。みなさんにとって、思考の動きやその変化を追うことは、かなり面倒な作業だったかもしれません。ただ、読み終わった今、頭が整理されてスッキリした感覚があるのではないでしょうか。

　思い切ったコンセプトで書くことに賛成してくださった、かんき出版のみなさま、なかでも編集者の荒上和人さんに、毎度のことではありますが感謝の意を伝えたいと思います。本当にありがとうございました。

【参考文献】

細谷功『「具体と抽象」トレーニング 思考力が飛躍的にアップする29問』(PHP 研究所)

名嶋義直編著『10代からの批判的思考 社会を変える9つのヒント』(明石書店)

BBC NEWS JAPAN ホームページ
https://www.bbc.com/japanese/features-and-analysis-50826072

WORKSHIFT DESIGN ホームページ
https://www.desknets.com/media/workshift16/

GLOBIS CAREER NOTE ホームページ
https://mba.globis.ac.jp/careernote/1572.html

indeed ホームページ
https://jp.indeed.com/career-advice/career-development/critical-thinking-exercises

EL BORDE by Nomura ホームページ
https://www.nomura.co.jp/el_borde/method/0084/

【著者紹介】

中塚　光之介（なかつか・こうのすけ）

◉——河合塾講師。大正大学専任講師。大阪府出身。

早稲田大学卒業後の1993年から河合塾にて添削指導を行う（人文教育系、社会科学系、医系など）。2000年からは、すいどーばた美術学院で芸術系小論文、2001年からは、新宿セミナーで看護系小論文の指導を行う。

◉——2003年から河合塾小論文科講師となり、医系小論文、文系小論文、帰国生入試小論文を担当する。医系テキスト、全系統テキスト、全統論文模試、全統医進模試プロジェクトチームにも参加。

◉——また、AO・推薦対策全般（提出書類、面接など）の指導も行う。担当する小論文対策講座はいつも満席状態。夏期、冬期講習は、申込み開始後、即締切となるほどの圧倒的な人気を誇る。

◉——著書に、『採点者の心をつかむ　合格する小論文』『採点者の心をつかむ　合格する看護・医療系の小論文』『採点者の心をつかむ　合格する志望理由書』『採点者の心をつかむ　合格する小論文のネタ［医歯薬／看護・医療編］』『採点者の心をつかむ　合格する小論文のネタ［社会科学編］』『採点者の心をつかむ　合格する小論文のネタ［人文・教育編］』（いずれも、かんき出版）がある。

かんき出版 学習参考書のロゴマークができました！

明日を変える。未来が変わる。

マイナス60度にもなる環境を生き抜くために、たくさんの力を蓄えているペンギン。

マナPenくんは、知識と知恵を蓄え、自らのペンの力で未来を切り拓く皆さんを応援します。

マナPenくん®

採点者の心をつかむ　合格する小論文の書き方

2023年10月16日　第1刷発行

著　者——中塚　光之介

発行者——齊藤　龍男

発行所——株式会社かんき出版

東京都千代田区麹町4-1-4 西脇ビル　〒102-0083

電話　営業部：03(3262)8011㈹　編集部：03(3262)8012㈹

FAX　03(3234)4421　振替　00100-2-62304

https://kanki-pub.co.jp/

印刷所——シナノ書籍印刷株式会社

乱丁・落丁本はお取り替えいたします。購入した書店名を明記して、小社へお送りください。ただし、古書店で購入された場合は、お取り替えできません。

本書の一部・もしくは全部の無断転載・複製複写、デジタルデータ化、放送、データ配信などをすることは、法律で認められた場合を除いて、著作権の侵害となります。

©Kounosuke Nakatsuka 2023 Printed in JAPAN　ISBN978-4-7612-3103-3 C7030